SUEÑA Y GANARÁS EL MUNDO

CESAR CASTELLANOS D.

Editorial Vilit
Visión Literaria Internacional

Equipo Editorial

Dirección ejecutiva
José Aquilino Silva S.
Dirección editorial
Stella Aranguren F.
Asesor literario
David Javier Torres A.
Arte & Diseño
Daniel Durán P.
Carátula
Germán Arenas S.

© 1998 César Castellanos D.
Publicada por Editorial Vilit & Cia. Ltda.
Calle 22C No. 31-01
Telfax: 269 34 20
e-mail: edivilit@impsat.net.co
        edivilit@yahoo.com
Santa Fe de Bogotá, D C.
Colombia • Sudamerica.

ISBN: 958-96328-4-X

Segunda impresión 1999

Hecho en Colombia
Printed in Colombia * 1999

Dedicatoria

Han sido tantas las personas que se han involucrado en el trabajo de este material que quisiera expresarles el agradecimiento a cada una de ellas de manera personal.

A la primera persona que le quiero agradecer es al dulce Espíritu Santo, mi gran amigo, guía, consejero. protector y también mi Consolador, quien me ha acompañado en cada una de las situaciones que he vivido.

En segundo lugar, a aquella mujer, mi compañera de batalla, mi amada esposa Claudia, quien ha mostrado siempre gran madurez en todas las circunstancias, teniendo una visión como de águila y una palabra aguda que penetra hasta lo más profundo; la mujer de decisión quien ha estado conmigo en toda esta carrera, que no se ha conformado con estar a la sombra del esposo, sino que pudo ubicarse a mi lado y trabajar conmigo hombro a hombro.

A mis cuatro hijas; Johanna, la mujer comprometida con la visión, Lorena, Manuela y Sara Ximena, porque han comprendido su ministerio y han podido alabar a Dios en la ausencia de sus padres, quienes no han podido compartir con sus niñas gran parte del tiempo por estar comprometidos con la obra. A César y a Claudia Fajardo quienes con mucha madurez pudieron asumir la responsabilidad en momentos difíciles.

Al equipo de pastores y líderes cabeza de ministerio, a quienes amamos como a nuestros hijos recibiendo siempre de ellos una voz de aliento, ánimo y esperanza. A David Javier Torres, quien tuvo que pasar aun noches en vela y recopiló información haciendo un trabajo valioso para nosotros. A la Editorial Vilit, y a su directora Stella Aranguren, quienes han trabajado invirtiendo muchas horas para el lanzamiento de esta obra.

Y a la mujer que inició la visión de los doce, a la dulce anciana "Chavela", quien al tener estos doce hijos (de los cuales yo soy el octavo) estaba dando inicio a uno de los principios que están inspirando la renovación de la iglesia en el mundo entero. A esa madre tan especial, quien me sostiene continuamente en oración; a mis amados suegros, Luis Alfonso y Yolanda Rodríguez, quienes sacrificando su tiempo han invertido horas valiosas en el cuidado de mis hijas para que la obra no se detenga. A cada uno de los departamentos de la MCI, especialmente al gerente administrativo, doctor José Aquilino Silva, y a todos los miembros de la iglesia, quienes han podido sostener continuamente a sus pastores en oración.

Y a aquellos que desde de ahora se convertirán en grandes soñadores. *¡Estoy seguro de que usted es ya uno de ellos!*

Contenido

Tercera parte: **EL DESPERTAR DE LA UNCIÓN**

Prólogo

Tiene usted en sus manos lo que yo llamo ¡un libro verdaderamente desafiante! Entrar en el mundo de los sueños, bajo la concepción y dirección del Espíritu Santo, constituye un reto de incalculables proporciones que, de asumirlo, nos lleva al mundo de lo humanamente imposible, pero milagrosamente alcanzable en manos de Dios. Lo que César Castellanos Domínguez, pastor de una de las iglesias más grandes de Colombia, con miles de miembros consolidados en sólo quince años de trabajo ministerial, expone en **Sueña y ganarás el mundo**, es maravillosamente motivante.

Sueña y ganarás el mundo es la obra literaria del pastor Castellanos muy esperada en el mundo cristiano desde que el ministerio de este siervo de Dios trascendiera las fronteras de su Colombia natal, lugar desde donde Dios lo llamó no sólo para influenciar con el evangelio de Cristo entre sus compatriotas, sino también para impactar a todas las naciones como evidencia de que el avivamiento del Espíritu Santo se encuentra en su mejor tiempo de cosecha.

Después del atentado que sufrió, junto con su familia en Bogotá, capital de Colombia el 25 de mayo de 1997, hecho que conmovió al pueblo cristiano y no cristiano en el mundo entero, César Castellanos recibió de parte de Dios la confirmación de que había llegado el tiempo de recopilar en estas páginas las experiencias vividas a lo largo de sus años de ministerio, con el fin de que otros comprendieran, a través de ellas, que *los sueños son el lenguaje del Espíritu de Dios*", y que todo aquel anhelante de una vida victoriosa, tanto a nivel secular como espiritual, tiene que ser un "soñador", una persona visionaria dependiente del Espíritu Santo.

Siempre he defendido la importancia de trascender los límites del presente vislumbrando un futuro lleno de posibilidades. La imagen diáfana de un vasto horizonte cargado de prosperidad personal, espiritual y aun material, se levanta majestuosa ante nuestra mirada cuando permitimos que las promesas de Dios cobren vida en nuestro interior, renueven nuestra mente y nos impulsen a marchar firmes hacia la conquista de un grandioso mundo en el que el Todopoderoso lo define todo. Al leer **Sueña y ganarás el mundo**, escrito en términos testimoniales, y observar los grandes logros del autor en todas las esferas de su vida, confirmo un principio que día tras día cobra mayor vigencia: ¡el mundo es de los soñadores! Quien no sueña, es un fracasado, es alguien que ha decidido morir en vida. El hombre está destinado a lograr grandes cosas; si esto no ocurre, es porque se ha limitado la visión y no se han emprendido grandes cosas para Dios. ¿Qué tan amplia es la visión que usted tiene del mundo y de lo que puede alcanzar en él? ¿Ha llegado a imaginarse lo que Dios puede hacer en la sociedad tomándolo como instrumento? Si necesita una referencia específica para responder, en cada uno de los capítulos de este libro va a encontrar experiencias, comentarios y enseñanzas de alguien que comenzó a soñar en 1983, cuando Dios le dio la visión de alcanzar multitudes para Cristo, le creyó al Señor y estuvo dispuesto a hacer su parte para alcanzar el objetivo.

En **Sueña y ganarás el mundo** nos encontramos con un Dios visionario que ha respaldado cada paso de fe dado por un hombre igualmente visionario. No hay nada de malo en soñar cuando se hace guiado por la voz del Espíritu Santo. El Señor Jesús desafió a sus discípulos a que tuvieran visión para ganar al mundo para su Padre. Este es un desafío a soñar grandes sueños, hacer grandes planes, orar grandes oraciones, y obedecer grandes mandamientos. ¿Desde cuándo se quedó usted en el plano del conformismo y dejó de observar cosas extraordinarias en su vida olvidándose que Dios puede obrar de un modo poderoso cuando depositamos la confianza en Él? No importa cuánto tiempo lleve, si es que ha caído en dicha situación, lo importante es que esté dispuesto a que Dios lo use nuevamente, diciendo: "Señor, renueva en mí la visión de tu poder, y despierta mi capacidad de soñar". Recuerde, como lo comenté en uno de mis folletos de la serie Cruzada, que si sus sueños no van más allá de terminar los estudios, pagar las cuentas o criar a sus hijos, entonces su visión no proviene de Dios, porque Él nos ha llamado para emprender cosas extraordinarias, más allá de la insípida rutina. Sé que la lectura de este libro le ayudará a comprenderlo mejor, a remover las fibras de su corazón, a quitar de sus labios la frustrante frase "no puedo", y a emprender grandes tareas hacia un blanco definido. César Castellanos y su esposa Claudia Rodríguez lo han logrado en su vida personal y en el área ministerial como pastores de la Misión Carismática Internacional.

Desde muchacho he sido también un "soñador", incluso, muchos de mis sueños de juventud eran descabellados y, por tanto, no los compartía con nadie, pero ahora me sorprendo de ver cómo el Señor ha sido fiel convirtiendo en realidad tantos de ellos; por éstas y otras razones me identifico plenamente con **Sueña y ganarás el mundo**. Definitivamente, ésta es una obra literaria inspirada por Dios muy oportuna para este tiempo en que se necesitan soñadores y visionarios como César Castellanos en todos los rincones del mundo.

En **Sueña y ganarás el mundo**, el pastor Castellanos, usando un lenguaje agradable, sencillo y personalizado, comenta sus vivencias desde el instante en que tuvo un encuentro personal con Jesús, hasta su llamado al pastorado, pasando por la revelación de las estrategias como el sistema celular y la preparación de líderes por grupos de doce personas que tanto impacto y revolución han causado en el mundo. En resumen, este es un libro anecdótico, cargado de experiencias que el autor narra de tal modo que les permite a los lectores sentirlas como suyas y los compromete a soñar como este siervo lo ha hecho, guiado por el Espíritu Santo. Todo cuanto aquí se comenta está respaldado por un ministerio que crece día tras día de manera abundante, rápida y sólida, confirmando que los sueños y las visiones dadas por Dios se cumplen por encima de todo, cuando hay hombres y mujeres listos para dejarse moldear y hacer la voluntad divina, con los ojos puestos en Jesús, "autor y consumador de la fe".

No sólo el creyente en Cristo, sino todo aquel que llegue a tener este libro en sus manos, no será la misma persona tan pronto termine de leer **Sueña y ganarás el mundo**; por el contrario, usted se convertirá en un soñador, en un visionario, retado por las experiencias de César Castellanos Domínguez.

LUIS PALAU

PRIMERA PARTE
Los sueños, un gran desafío

*"¡Y haré de ti una nación grande, y te bendeciré,
y engrandeceré tu nombre, y serás bendición!"*.

EL HOMBRE FRENTE AL LLAMADO 1

Jamás olvidaré aquella tarde de 1972. Atravesaba uno de los momentos más difíciles de mi vida; ésta había tomado un rumbo como la de cualquier joven de mi época, pero antes de proseguir por el camino equivocado, me sucedió algo maravilloso que transformó mi existencia y la marcó para siempre: tuve un encuentro personal con Jesús de Nazaret.

Ahora reconozco que Dios usa lo insólito para hablarles a los corazones. Aunque parezca increíble, conocí a Jesús por un ateo. Este hombre era un profesor de filosofía, y en cada una de sus disertaciones atacaba los dogmas sagrados del cristianismo, tales como: la deidad de Jesús, la virginidad de María, el misterio de la Trinidad y la veracidad de la Biblia. Él, para darle peso a sus argumentos ateístas, siempre hablaba con Biblia en mano. Yo sabía que ese profesor estaba equivocado, pero aún no tenía argumentos suficientes para rebatirle. En una ocasión, aquel profesor dijo algo que el Espíritu Santo usó para traspasar mi corazón: "Porque la Biblia no solamente la he leído, sino que la he estudiado". Cuando lo escuché expresarse de esta manera, me dije: "Si este hombre que es ateo, ha leído la Biblia y la ha estudiado ¿por qué yo no? Voy a hacerlo, para demostrarle que está equivocado". Aquella misma noche, me dediqué al estudio de la Biblia. Empecé a leerla desde el libro de Génesis en adelante, y en la medida en que leía, Dios le hablaba a mi corazón. El libro sagrado se convirtió en un espejo para mi alma, en el que pude ver cómo estaba por dentro; esto me motivó a buscar la manera de purificarme. Una noche sentí la necesidad de tener un encuentro cara a cara con Jesús. Dispuse mi corazón para que se produjera, y le dije al Señor: "Jesús, yo no te conozco, no sé cómo eres, pero si en verdad existes y eres ese Dios Todopoderoso del cual habla la Biblia, aquí estoy, cámbiame, transfórmame, haz algo conmigo, lo que tú quieras, pero que sea ¡ahora!".

Esa fue toda mi oración. En ese momento tuve varios pensamientos de duda: "Dios ¡qué te va a escuchar! ¿Quién te crees para que Dios te responda? ¡Eres un sucio pecador!". Pude sobreponerme a ese bombardeo de Satanás en mi mente, y dije: "No me importa lo que yo haya sido, si Él es real me tiene que responder ahora". Después de unos 15 minutos, el cuarto se llenó de una luz gloriosa que se localizó frente a mí; era como si el cielo y la tierra no existieran y que sólo dos seres ocuparan el universo: Dios en su magnificencia y yo en mi diminuta pequeñez. Por primera vez en mi vida sentía que era el ser más insignificante de toda la tierra; tanto que un insecto era muy grande para lo que yo valía en ese momento ante los ojos de Dios. Sentí asco de mí mismo cuando todos mis pecados afloraron en mi mente. Me espanté al estar frente a la presencia divina y le dije: "¡Señor no soy digno de ti, apártate de mí, no te merezco pues soy un sucio pecador! ¡Perdóname!".

San Juan dijo:

"Si confesamos nuestros pecados, él es fiel
y justo para perdonar nuestros pecados, y
limpiarnos de toda maldad" **(1 Juan 1:9).**

Me dispuse a contarle todos mis pecados, los lloré, sentí dolor en mi corazón por haber ofendido a Dios. Luego sucedió lo extraordinario: vi una mano abierta que penetró mi cabeza y empezó a descender hasta la planta de los pies a manera de caricia y, a medida que lo hacía, la carga de mi pecado desaparecía. Sentía que toneladas de peso habían caído de mi vida, luego, mi corazón parecía un recipiente sobre el cual era derramada la felicidad; experimenté entonces la mayor sensación de alegría. Las lágrimas empezaron a rodar por mis mejillas y no aguanté más estar sentado, me puse de rodillas con los brazos en alto, adorando al Señor con todas mis fuerzas. Estuve unas dos horas y media adorándole. Cuando me levanté, no era el mismo, había nacido de nuevo.

Puedo asegurar que esa noche no sólo se dio el cambio en mi vida, sino que comenzó el llamado porque, en los días siguientes, cuando por falta de una guía espiritual intenté tener nuevos contactos con el vicio de la droga y el alcohol, sin poder explicarlo, sentí repulsión hacia ellos y, a pesar de que cada noche los espíritus demoníacos me inquietaban para que volviera atrás, el Poder de Dios en mi vida se hizo evidente llevándome a la libertad; lo confirmé días más tarde repasando las Escrituras, cuando el Señor me permitió leer **Juan 8:32**.

"...y conoceréis la verdad, y la verdad os
hará libres".

Gracias a estas experiencias he comprobado que Dios nos llama desde antes de venir al mundo y permite que pasemos por diferentes tipos de pruebas, luchas y adversidades. Creo que cuando uno conoce al Señor Jesucristo, Él mismo cambia la vida, la mente y la visión. Hay una transformación radical en todas las áreas de nuestro ser.

Varios acontecimientos vendrían después: la convicción de que podía mantenerme en contacto con Dios a través de las creencias tradicionales y visitando sitios de peregrinación, pero luego sentía la recriminación del Señor por hacerlo.

Cuando llegué a una pequeña iglesia cristiana, descubrí que había una manera especial de adorar a Dios, de conocer más de Él y allí, nuevamente, volvió a hacerse evidente el llamado a través del bautismo en el Espíritu Santo. Experimenté gran gozo, sentí el alborozo, y la confirmación del llamado.

No puedo finalizar este primer capítulo sin comentar que, a los cinco meses de estar asistiendo a la pequeña congregación mencionada, me encontraba una noche orando, cuando Satanás empezó a presentarme imágenes de mi conducta pasada, casi llegué al punto de deleitarme con ellas, cuando escuché una voz fuerte como de trompeta diciéndome: *"¡Si te apartas de mí, cortaré la bendición que tengo para ti y para los tuyos!"*. Comprendí que era la voz de Dios. Le pedí perdón y establecí un pacto con Él: "¡Señor, si tú ves que algún día te voy a fallar y me aparto de tus caminos, te pido con toda mi alma que antes de que eso suceda, me lleves, porque prefiero estar en tu gloria, que vivir en este mundo con la vergüenza de haberte fallado!".

Desde entonces, la protección del Señor se ha hecho presente, tanto en mi vida como en la de mi familia. El Espíritu Santo se convirtió en mi mejor amigo y compañero; ese pacto fue una manera de decir: "¡Estoy dispuesto a dejarme moldear y usar por ti!". Comprendí el propósito de Dios para mi vida pues se hizo evidente el llamado.

2 ¡DIOS, ESTO NO VA CONMIGO!

Tengo el pleno convencimiento de que siempre el Señor se mueve a través de hombres y mujeres que son sensibles a su Espíritu. A estas personas, Dios les transmite su voluntad y les da una visión más allá de lo que pudiera percibirse con la simple vista. Los grandes logros alcanzados por el pueblo de Dios y que han sobresalido mundialmente, se han originado en un hombre con una visión específica, un hombre decidido a responder al llamado del Altísimo superando cualquier tipo de argumento que pudiera hacerle dudar. Sin embargo, sé de personas que han estado cerca de mí y que Dios los ha seleccionado con un propósito definido y han desviado su mirada como sugiriendo: "**¡Dios, esto no va conmigo!**".

Me es imposible precisar ahora, si después de aquella experiencia de conversión en la que Dios me hizo un llamado concreto existieron argumentos de mi parte tratando de eludir la responsabilidad que eso implicaba, pero puedo garantizarles que Satanás intentó de muchas formas llevarme por un camino diferente. No obstante, desde el primer momento de mi encuentro con Jesucristo, comprendí que cuando disponemos nuestro corazón y nos quebrantamos ante su presencia, Él nos habla y nos encomienda tareas específicas. Desde mi conversión, tuve algunas experiencias encaminadas al ministerio evangelístico. La pasión por los perdidos comenzó a florecer en mi corazón y a donde quiera que iba, testificaba de Cristo, visitaba las cárceles de la ciudad, los cementerios y todo lugar donde con seguridad encontraría conglomerados de personas necesitadas de la Palabra, limitadas por su ceguera espiritual y el apego a un tradicionalismo religioso que sólo les prometía una felicidad pasajera y un cielo muy lejano.

Recuerdo que en una de esas tantas ocasiones el Señor me desafió a predicarle a un grupo que se encontraba en un cementerio, rodeando a un leproso a quien le dije: "¡Amigo, Jesucristo te ama y te quiere sanar!". La respuesta de aquel hombre fue un desafío para mi fe: "¡La lepra ni Cristo la cura!". Esa expresión la tomé como un insulto para el Cristo que yo predicaba, así que, basado en el relato bíblico del momento en que Jesús sanó a los enfermos y limpió a leprosos y apoderándome de sus propias palabras en el sentido de que *"¡mayores cosas que éstas haréis vosotros en mi nombre!"*, el Señor me permitió convencer a aquel hombre a quien vi doblegar su corazón hasta escucharlo decir: "¡Si es verdad que Jesús sana la lepra y que usted como su enviado tiene el poder para orar por los enfermos, entonces ore por mí, quiero ser sano!". La autoridad que el Señor me entregó en aquel instante no sólo ante el leproso, sino ante más de doscientas personas que se habían agolpado, fue una confirmación del propósito de Dios para mi vida como predicador. El testimonio de aquel hombre, después de haber orado por su enfermedad, fue acompañado de un impactante quebrantamiento en el que le pedía perdón al

Señor por haber sido duro de corazón, y sirvió para que el cambio de actitud se operara en el resto de personas que ese día tomaron la firme decisión de aceptar a Cristo como su salvador personal. Me aparté del grupo con la convicción de que el Señor había operado un milagro.

Si hubiera vacilado en aquel momento trascendental, Satanás habría aprovechado para generar argumentos de duda en mi mente y creo que sólo me hubieran quedado ánimos para decir: "¡Señor, no puedo, envía a otro!". Pero el mismo Dios me revistió de fe y poder para respaldar su Palabra.

Cuando el Señor nos llama y decidimos asumir un compromiso con Él para cumplir su tarea, los argumentos no van a faltar; es más, nunca han faltado. Lo determinante radica en la actitud que se asuma frente a esos argumentos. Recorriendo el marco bíblico nos encontramos con un personaje cuya experiencia frente al llamamiento ilustra claramente este tema y se asocia con las vivencias de cientos y cientos de líderes de nuestro tiempo que han dudado en dar el paso definitivo: su nombre es **Moisés**. El pueblo de Dios se encontraba en esclavitud y oprimido por los egipcios y al Señor le plació escoger a Moisés para guiarlos a la libertad. Pero Moisés no quería comprometerse, pues sabía que debía entrar en guerra espiritual, de modo que expone cinco argumentos con el fin de evadir la responsabilidad que el Señor le entregaba: *¿quién soy yo?*, en nuestros días esto equivale a tener una autoimagen negativa, creerse incapacitado para todo, es como decirse: "Nada soy". Moisés así lo pensó, pero el Señor tenía una respuesta para ese argumento: **Vé, porque yo estaré contigo**". Para mí, ésta ha sido una motivación para hacer la guerra espiritual. Es necesario saber que estamos en el tiempo de Dios y que, sin mirar nuestra condición, Él está con nosotros.

Si ellos me pregutan "**¿cuál es su nombre?**", ¿qué les responderé? Y la respuesta del Señor fue: "**¡Yo Soy el que Soy!**". En el desafío del llamado, el nombre de Jesús equivale a dinamita, tiene poder y autoridad cuando lo invocamos, Moisés preguntó por el nombre pues sabía que éste representaba la identidad y la presencia de una persona. Sin embargo, el Señor también echó por tierra este argumento con sólo decir: "Yo Soy el que Soy. Existo por mí mismo". Esto es lo mismo que he experimentado en el proceso de mi llamado.

Ellos no me creerán. Igual sucede en nuestros días. En cierta oportunidad, mientras oraba, el Señor me indicó que tenía una palabra para mí a través de una líder de la iglesia, pero un espíritu de temor se apoderó de ella impidiéndole hablarme, así que Dios me llevó a quebrantar a dicho espíritu, pues me insistía en que esa palabra era específica y de bendición para mi vida.

Moisés también experimentó temor, pero el Señor combatió este argumento.

No soy de fácil palabra. Pero Dios le respondió: "*Ahora, pues, vé y yo estaré con tu boca, y te enseñaré lo que hayas de hablar*". Cuando lo que hablamos es Palabra de Dios, ésta es "*viva y eficaz, y más cortante que toda espada de dos filos*". Recordemos que Jesús venció al diablo diciéndole "*¡escrito está!*".

Señor envía a otro. Evidentemente, Moisés le estaba sacando el cuerpo a la responsabilidad. Por eso Dios se enojó y le dijo que había escogido a su hermano Aarón para que hablara por él.

Esta experiencia de Moisés me enseñó que cuando Dios hace el llamado, Él es plenamente consciente de a quién llama y por qué lo hace. Al conocer esta historia, comprendí que existía un llamado del Señor hecho en forma directa a mi vida. Un ministerio de grandes magnitudes me esperaba, una responsabilidad que no podía eludir esgrimiendo argumentos con la pretensión de insinuarle a Dios que enviara a otro, porque, como lo hizo con Moisés, Él tendría una palabra específica para echarlos todos a tierra.

EL ORIGEN DE 3
UN SUEÑO

Después de confirmar el llamado de Dios para mi vida y comprender que no había argumentos para eludirlo, me sometí a hacer su voluntad y comencé a soñar en grande. Comprendí que los grandes logros del mundo se han originado en un hombre con una visión. Definitivamente, como lo leí en un libro de Kim Woo-Choong, fundador del grupo Daewoo, "**el mundo es de los soñadores**", lo creo porque la misma Biblia es rica en relatos de hombres y mujeres que fueron sensibles a la voz de Dios y por ello Él les dio una visión. Este libro gira precisamente en torno a la Visión que el Señor me entregara un día, de ahí que no dejaré de hablar de ella para que también usted la reciba.

Antes de hablar de nuestro caso en particular, de ese sueño que dio fruto a lo que hoy es la Misión Carismática Internacional, quiero destacar algunos aspectos que me llaman la atención en la vida de Nehemías, alguien que, a pesar de las circunstancias de cautiverio en que se encontraba, nunca dejó de soñar y, por consiguiente, es un ejemplo de impacto para nosotros. Nehemías era un profeta que estaba cautivo en Babilonia cuando recibió la noticia de que su pueblo se encontraba en dificultades y los muros de su ciudad destruidos. Cuando escuchó esto, sintió un dolor profundo en su corazón, pero al mismo tiempo comenzó a anidarse en el mismo un sueño, una visión: "¡Tengo que ayudar a mi gente, voy a restaurar a Jerusalén!". Para cualquiera que conocía su condición, ésta no era más que una idea loca: los judíos en cautiverio, los pobres de Jerusalén prácticamente habían desaparecido y de esta ciudad no quedaba más que un montón de escombros; pero el profeta tuvo la visión de restaurarla y se dejó "embarazar" por esto sintiendo el peso de la responsabilidad; así que oró al Señor, fue ante el rey y logró el permiso para volverse a su ciudad desafiando a toda su gente para reconstruirla. Notemos que él primero se empapó de la visión, luego hizo un estudio detallado y posteriormente emprendió la tarea teniendo siempre en mente la idea de una Jerusalén puesta en pie nuevamente. Hoy día, el Señor continúa actuando de la misma manera, levantando hombres y mujeres dispuestos a inquietarse por las necesidades del pueblo y a responder dentro de una visión concedida por Él.

Después de mi experiencia con Jesucristo y el inicio del trabajo como evangelista en las calles, en algunos lugares concurridos de la ciudad de Bogotá, tuve la oportunidad de pastorear pequeñas iglesias durante nueve años de ministerio; la última de ellas era una que al recibirla sólo tenía 30 miembros, al año alcanzamos los 120; pero empecé a notar que estábamos cayendo en un círculo vicioso pues, por lo general, las iglesias tienen una puerta trasera por la cual se salen muchos. Así estaba ocurriendo en aquel lugar y yo me iba detrás de los hermanos a rogarles que se quedaran diciéndoles: "¡No se vayan, ustedes son necesarios e importantes para nosotros!". Algunos, dándose el gusto de pensarlo, volvían, pero cuando lográbamos rescatar a uno ya se habían ido dos. Yo decía: "¿Señor, para esto me llamaste? ¿Para rogarle a la gente que se vuelva a ti? ¡Yo no quiero esto! Si esto es pastorear, no es entonces lo que deseo". Así que, en común acuerdo con mi esposa Claudia, con quien había contraído matrimonio en 1976, pasé la carta de renuncia proponiéndome no hacer nada más hasta que el Señor me confirmara para qué me había llamado.

A pesar de la decisión, en mi corazón permanecía el deseo ardiente de alcanzar a los perdidos. Llevaba cuatro meses sin pastorear, tiempo durante el cual surgieron propuestas que no acepté, pues esperaba una palabra directa de Dios para mi vida y mi ministerio. Una noche de las vacaciones de 1983, estando en la costa atlántica colombiana junto a mi familia, me mecía a la orilla del mar, cuando sentí la presencia de Dios como nunca antes lo había experimentado; ese día su voz penetró hasta lo profundo de mí y me dijo: *"¡Yo soy el anciano de días, prepara tu corazón en la adoración porque te voy a usar!"*. En ese momento entré en un nivel de adoración mucho más intenso, diferente del que estaba acostumbrado, rendí cada átomo de mi existencia al Señor. Luego escuché que me dijo: *"¡Voy a mover tu silla!"*. Me quedé quieto esperando que lo hiciera, pero no sucedió, así que yo mismo comencé a mecerme hasta que escuché nuevamente su voz diciéndome: *"¡Yo puedo mecer tu silla directamente, pero prefiero hacerlo a través de ti. Puedo hablarles a las almas directamente, pero prefiero hacerlo a través de ti. Te he puesto como pastor! Sueña, sueña con una iglesia muy grande porque los sueños son el lenguaje de mi es-*

píritu. Porque la iglesia que tú pastorearás será tan numerosa como las estrellas del cielo y como la arena del mar, que de multitud no se podrá contar".

A partir de esa experiencia aprendí la importancia de **"atreverse a soñar"**, así que esa misma noche, cuando el Señor me preguntó *¿qué iglesia te gustaría pastorear?*, tomé sus propias palabras, me quedé mirando la arena del mar y el milagro sucedió: vi cómo cada partícula de polvo se convertía en una persona. El Señor volvió a preguntarme: *"¿Qué ves?"*. Y le respondí: *"¡Veo cientos de miles de personas!"*, y me dijo: *"¡Eso y más te daré si haces mi perfecta voluntad!"*.

Al mes siguiente, en marzo de 1983, iniciamos en la sala de nuestra casa la Misión Carismática Internacional con tan sólo ocho personas. Cuando estaban asistiendo unas treinta personas, me dediqué a diseñar lo que yo autodenominaba **"planes estratégicos"**, en los que intentaba involucrar a quienes se destacaban como líderes, pero luego que les hablaba, se iban y no regresaban; inquieto por esto fui al Señor en oración y el Espíritu Santo me dijo: *"Sigue haciendo planes que yo los sigo desbaratando"*. Entré en un tiempo de ayuno y oración sometiendo mi voluntad a la de Dios y disponiéndome para hacer sus planes y no los míos. En estas circunstancias, escuché del Altísimo la pregunta que comenzaría a definir y a aclararlo todo: *"¿Qué quieres? Y ¿en cuánto tiempo lo quieres?"*. Esto se convirtió en el complemento de lo que es un sueño. Luego de un día de oración específica al respecto, vino a mi mente el número 200 y pensé que el tiempo prudente para alcanzar esa cantidad de personas serían 6 meses. Ese número lo comencé a escribir por todas partes, la meta estaba definida: 200 personas para el mes de septiembre de 1983. Toda la iglesia comenzó a contagiarse de ese sueño y a luchar por esa primera etapa de la visión, tanto, que en sólo tres meses el objetivo ya se había logrado.

Hoy día, son miles y miles los que conforman la gran familia de la iglesia. Hubo momentos de dificultad financiera en los que caíamos en el error de intentar superarlos en nuestras fuerzas, incrementando el trabajo físico, y en los instantes en que ya no sabíamos qué hacer, el Señor me decía: *"Porque de cierto te bendeciré de tal modo, que tú mismo quedarás asombrado y me dirás basta"*. Como en la primera ocasión, creí a esa Palabra, la tomé y comencé a caminar basándome en ella; de este modo la prosperidad ha venido porque cielo y tierra pasarán, pero lo que el Señor diga jamás pasará.

Todo lo que hemos logrado como Misión Carismática Internacional comenzó con un sueño, como todas las cosas creadas por Dios. Él primero **soñó**, luego **planificó**, **diseñó y ejecutó**. La Biblia dice que fuimos creados a su imagen·y semejanza, así que estamos en capacidad de soñar y planificar nuestro futuro como Dios lo hizo; yo lo creo así.

Recuerdo que para alcanzar mi primer desafío me senté en el piso del auditorio que tenía capacidad para 120 personas y comencé a soñar. Era tal la presencia de Dios en este sueño que pude oír el ruido de los motores de los carros cuando parqueaban, los pasos de las personas al bajar y entrar al salón e, incluso, cómo el recinto se llenaba de docenas de personas que debían hacer filas y esperaban que salieran unos para poder entrar. A partir de este sueño fue tan grande el mover de Dios que la reunión empezó a crecer hasta que, en sólo tres meses, surgió la necesidad de hacer dos servicios y, tal como lo habíamos visualizado, la gente quedaba por fuera esperando su oportunidad para ingresar. ¿Habrá algo imposible para Dios? El dilema está dentro de nuestra propia mente; he entendido que el Señor tiene mucho más para darnos de lo que nosotros tenemos para pedirle; sólo debemos desarrollar una condición: *atrevernos a soñar.*

Desde aquel maravilloso momento en las playas de la costa colombiana, cuando decidí creerle a Dios y atreverme a soñar, experimenté que, como ocurrió con Abraham, el Señor me decía "*¡Y haré de ti una nación grande, y te bendeciré, y engrandeceré tu nombre, y serás bendición!*".

Ahora sigo soñando, mientras observo que Dios cumple fielmente su promesa.

MADURANDO EN EL DESIERTO 4

Cuando comprendimos con exactitud la importancia de soñar, comenzamos a hacerlo entendiendo que el respaldo de Dios estaría presente en todo momento, siempre y cuando nuestra fidelidad a Él fuese genuina. Mi esposa y yo sabíamos que el Señor cumpliría integralmente su parte y que a nosotros nos correspondía actuar, de acuerdo con su dirección, para que los sueños y las visiones se convirtieran en realidad; sin embargo, otro proceso sería clave e importante para que así sucediera: la adquisición de madurez, pasando por el desierto.

En la búsqueda de la realización personal, pasar por el desierto equivale a afrontar pruebas, dificultades e, incluso, presiones que sólo pueden ser superadas manteniendo firme nuestra mirada en el Señor. Tendríamos que estar listos para experimentar luchas, tribulaciones, escaseces y todo aquello por lo que nadie, humanamente, quisiera pasar. Pero era necesario, para poder entrar en la dimensión de las realizaciones, el alcance de metas y la consolidación plena de la visión.

Han sido muchas las experiencias que hemos tenido que vivir como parte del proceso de madurez pasando por el desierto, y todas ellas han sido como ver reiteradas en mi vida las experiencias de Moisés cuando el Señor lo envió a enfrentarse con Faraón buscando la libertad del pueblo de Israel, es decir, estar cara a cara con el mismo enemigo, con el mismo opresor. Los ataques de Satanás han estado presentes desde el momento de mi conversión cuando, mi familia, sin comprender lo que venía ocurriéndome, llegó a tildarme de loco y su presión fue tan grande que me vi en la necesidad de abandonar la casa; no estaba acostumbrado a permanecer lejos de ellos, pero fue necesario tomar esta decisión para que nada obstaculizara mi crecimiento en Cristo, y lo hice, sin dejar de pensar en mi responsabilidad de interceder para que mis familiares llegaran a tener una experiencia con Jesús similar a la mía. Una de esas experiencias tocó mi parte sentimental: Satanás andaba buscando alguna debilidad en mi ser, un punto sobre el cual atacar y echar por tierra mi consagración al Señor y para esto utilizó a una mujer que vivía en la misma casa donde yo me encontraba. En uno de los próximos capítulos, expongo detalladamente esta vivencia de la que pude salir victorioso gracias a que el Señor me guardó, demostrándome que su mirada estaba puesta sobre mí.

Entendiendo quizá lo que el Señor había planeado hacer con mi vida y con el ministerio que me entregaba, Satanás en su intención de robar, matar y destruir, decidió atacarme directamente colocándome en camino de muerte. Vienen a mi memoria recuerdos impactantes en tal sentido: llevaba unos tres años en la vida cristiana cuando, una tarde, después de cierto tiempo de oración, abrí los ojos y sólo capté una profunda oscuridad a mi alrededor; imaginé que se trataba de una falla en el fluido eléctrico, pero al mirar hacia abajo, noté que no había piso y que estaba suspendido en el aire, asido de la nada; debajo de mis pies sólo observé un profundo abismo plagado de legiones de demonios que se movían como alfileres en medio de la oscuridad, casi irremediablemente, la ley de la gravedad indicaba que iba a caer en aquel sórdido lugar y una voz lo confirmó: "¡César, si tú caes, cualquiera de los demonios que has visto te tomará y te llevará a un lugar más profundo en el que quedarás hasta que seas juzgado!". Al instante clamé al Señor, diciendo: "¡Jesús, yo he creído en ti, te ruego que me ayudes!". Sentí que una fuerza superior me tomó de los brazos y me levantó rápidamente, al tiempo que otra voz como de trueno, decía: *"¡Todavía no es hora!".* Caí nuevamente y regresé al cuerpo bañado en sudor. En esa oportunidad no conocí la muerte como tal, pero Dios me estaba preparando para lo que sucedería un mes después.

Compartía una tarde con un amigo de la infancia en una cafetería acerca de la muerte de Katherine Kulhman, algo realmente increíble en mi concepto, atreviéndome a comentar: "Hermano, no creo que ella haya muerto, en este tiempo tan difícil es cuando Dios más necesita a sus siervos; tal vez los que mueren son los que no podrán resistir las pruebas que vendrán antes de la gran tribulación". Cuando terminé de hablar, sentí un fuerte golpe en mi cabeza y vi que el frente del tercer piso de aquella cafetería caían, sin que nadie pudiera evitarlo, ladrillos, tejas y ventanas; se venían abajo estrepitosamente sepultándonos bajo un mar de escombros. Experimenté que mi espíritu se desprendía del cuerpo. Luché, pero una fuerza invisible manejaba mi alma. De repente, vino a mi mente la prueba del mes anterior y recordé las palabras "¡todavía no es hora!"; me apropié de ellas y dije: "¡Señor, no es posible que tú permitas mi muerte, todavía no es hora, tú me necesitas en la tierra; dame las fuerzas para regresar al cuerpo y poder levantarlo en tu nombre!". Al terminar esta oración, entré en el cuerpo como quien se pone un vestido enterizo, traté de moverlo, pero el cuerpo no respondió, luego dije: "¡Señor Jesucristo, en tu nombre...!". Bastó pronunciar el nombre de Jesús para que la parte espiritual se ligara con la física y pude apartar los escombros. Quince puntos de sutura quedaron de aquel suceso, pero dos semanas después estaba nuevamente en las calles predicando el mensaje de Cristo. Sin captar plenamente la dimensión en que me encontraba y sin imaginar lo que vendría luego, Dios me había dado las fuerzas para vencer por segunda vez a Faraón.

Al poco tiempo sufrí otro accidente de mayores proporciones. Envuelto en un gozo indescriptible, me dirigía a la pequeña iglesia que pastoreaba cuando fui cubierto por una sombra y un hombre completamente endemoniado colocó su mano izquierda contra mi pecho; llevaba un puñal con el que se ensañó cortándome los dedos de la mano en que sostenía mi Biblia. Alcancé a correr una cuadra pidiendo auxilio y, durante ese lapso, mi mente fue invadida por pensamientos de incertidumbre; no podía entender cómo mi pequeña hija Johanna, de sólo veinte días de nacida quedara huérfana y mi esposa viuda; el ministerio frustrado antes de desarrollarse, todo esto me impulsaba a no aceptar la muerte en aquel momento. Al finalizar la cuadra, mi cuerpo se desplomó prácticamente sin vida. Cuando recibí el impacto de aquella puñalada, sentí que era una muerte segura, y que si Dios no intervenía milagrosamente, de esa situación no escaparía. La película de mi vida pasó por mi mente, mostrándome lo que hice y lo que había dejado de hacer para el Señor, sumando la angustia de tener que dejar a mi esposa y a mi hija sin ningún amparo. Sin embargo, cuando mi cuerpo cayó al piso, mi espíritu no cayó. De repente me vi rodeado de miles y miles de ángeles con vestiduras resplandecientes y miradas puras como de niños, conformando una especie de túnel angelical inmenso que no podía ver dónde empezaba ni dónde terminaba. Mientras ellos subían, yo los acompañaba. Entonaban un himno de adoración a Dios en un lenguaje que no comprendía, pero que me llenaba de gozo. No sé cuánto tiempo pasó, permanecí absorto por un largo rato, hasta que reaccioné viendo en detalle a los ángeles y observándome marchando en medio de aquel túnel angelical y seguro de que, al finalizar, me encontraría con el Señor. Sentí temor, pues me vi con las manos vacías, considerando que el pequeño grupo de almas que hasta ese momento había ganado, no era nada comparado con los millones que estaban perdiéndose día tras día. El deseo ardiente de hacer algo grande para Dios se apoderó de mí, así que oré diciendo: "¡Señor, siento que esta muerte es un ataque del diablo, él me quiere cortar antes de tiempo, no lo permitas; te ruego que así como tú venciste la muerte, me des el poder para vencerla en tu nombre!". Al finalizar esta oración, abrí mis ojos otra vez en el cuerpo. El proceso de recuperación de las heridas también fue un tiempo de lucha interna que sólo pude superar con el poder de la oración. A los pocos días estaba otra vez predicando con más ahínco. Había superado un paso más en el desierto.

Satanás había estado oponiéndose al desarrollo de mi trabajo ministerial, lo hizo durante mucho tiempo afectando también el área financiera. El desierto de las limitaciones económicas y la escasez material representó mucho en el alcance de la madurez, pero las promesas del Señor fueron claras y firmes ayudándonos como familia a pasar al otro lado confiando en que la prosperidad vendría en su tiempo y así ha sucedido.

En el desarrollo de la visión, mi esposa y yo hemos tenido que enfrentarnos una y otra vez con Faraón pasando por el desierto, haciendo guerra espiritual, pero la seguridad del llamado, la mirada puesta en Jesús, en el objetivo y la confianza plena en que Dios se mueve en el asunto, nos han dado la fortaleza para resistir sin dejar de avanzar. Hemos aprendido que el proceso de todo hombre de Dios en medio de las pruebas, es necesario para la solidez no sólo de la vida personal, sino también ministerial. Si anhelamos crecer en la vida cristiana, necesariamente Dios tiene que tratarnos. Él usa métodos increíbles para acabar con cualquier cosa que impida ese crecimiento: orgullo, autosuficiencia, debilidades, carácter impulsivo, etcétera. Si no pasamos por el molino de las pruebas, jamás podremos descubrir el horizonte de bendiciones que nos esperan sometidos a la voluntad de Dios. Si queremos ver el avivamiento, éste tiene que comenzar por nosotros. Para llegar donde estamos, tuvimos que ser moldeados en el desierto; allí comprobé una gran verdad relacionada con el metal precioso: ¡el oro, para ser acrisolado, tiene que pasar por fuego!

Aunque hemos crecido de una manera que, para gloria del Señor, impacta a las naciones, mi esposa y yo seguimos soñando con un ministerio acrisolado como el oro; por ello no menguamos nuestra disposición para seguir siendo madurados en el desierto como al Señor de la mies le plazca porque, como dice Pablo; *"...aunque este nuestro hombre exterior se va desgastando, el interior no obstante se renueva de día en día. Porque esta leve tribulación momentánea produce en nosotros un cada vez más excelente y eterno peso de gloria; no mirando nosotros las cosas que se ven, sino las que no se ven; pues las cosas que se ven son temporales, pero las que no se ven son eternas" (2 Corintios 4:16-18).* Estas palabras continúan motivándonos para seguir adelante con la tarea, manteniendo la seguridad de la victoria, aun pasando por el desierto.

5 ENCENDIENDO LA LLAMA ROMÁNTICA

En el área espiritual, pasar por las pruebas es, por lo general, un trato del Señor con cada vida, aunque muchas experiencias las vivamos compartiendo con alguien: un amigo, un familiar muy cercano o, como en mi caso, la esposa. No alcanzo a imaginar mi travesía por el desierto sin la compañía de Claudia; por eso, en la mayoría de mis relatos al respecto, tiendo a hablar en plural. Y es que, aunque estando soltero las pruebas y dificultades fueron reiteradas, al conocer a quien sería mi compañera para toda la vida, el Señor no sólo encendió la llama romántica, sino que también me dotó de un gran apoyo. Ha sido algo mutuo, respaldo incondicional en el que hemos visto la unción del Espíritu Santo resumida en esa palabra cuya definición perfecta sólo se encuentra escrita en el corazón: amor.

El toque romántico también ha estado a lo largo del ministerio, y ha sido fundamental para ese equilibrio permanente que nos ha llevado a la estabilidad y la solidez. Dios me privilegió con una idónea conforme con su corazón y que, tal como Él lo había prometido, sería sensible a su voz. El Señor me preparó para el encuentro con ella durante un buen tiempo, y yo sabía, en medio de los ataques de Satanás para distraerme y confundirme sentimentalmente, que si permanecía firme a la espera del momento justo, atendiendo su dirección, Dios también perfeccionaría su obra en mí en el área amorosa.

Claudia representa para mí ¡la esposa de lino fino! Conocerla y saber que sería mi compañera para toda la vida, constituye una de esas tantas revelaciones específicas del Señor en las que he visto la intervención del Espíritu Santo de una manera contundente y directa; conquistarla se convirtió también en un sueño, en una visión que tendría que manejar con mucha discreción ante su familia, pues yo no era de su preferencia.

El encuentro con la mujer que se convertiría en mi amada, comenzó a marcar una de las mejores etapas de mi vida. Se produjo mucho después de haber conocido a varias jovencitas muy simpáticas, pero a quienes les encontraba algún defecto que me impulsaba a hacerlas a un lado, pues no llenaban mis expectativas. Como joven, esa situación equivalía a vivir en medio de un dilema permanente, en un tiempo de luchas e incertidumbres sentimentales que me llevaron un día a orar: "¡Señor, no quiero tomar la vida sentimental deportivamente! No me comprometeré amorosamente con nadie hasta que me indiques quién va a ser mi esposa". Pocos días más tarde, estando en una reunión familiar, vi llegar a Claudia y, aunque ya nos conocíamos, en aquella oportunidad empecé a sentir una alegría especial en mi corazón mientras la observaba. No entendía mis emociones, así que, para no equivocarme, me aparté a orar diciéndole al Señor: "¡Si este sentimiento no viene de ti, lo reprendo, no voy a quedar atrapado en ningún engaño emocional!". Seguí orando y el dulce Espíritu Santo inundó el recinto donde me encontraba, sentí su gloria, y me habló: *"¡César, ella será tu esposa!"*.

Luego de aquella primera gran manifestación del Espíritu Santo en la definición de mis sentimientos, vinieron otras revelaciones y oportunidades de encuentro con Claudia, en una de las cuales le compartí de Cristo. Puse al Señor la señal de que si ella cambiaba, si nacía de nuevo, entonces entendería que la posibilidad de un romance estaría dentro de sus planes. Aunque veía en ella detalles que no eran de mi agrado por su condición de no cristiana, Dios me confirmó de una y otra manera, que ella sería mi esposa. Recuerdo situaciones tan concretas como la revelación del día en que ella se convertiría a la vida cristiana y el momento en que, luego de pedir otras señales, sólo el Señor me dijo con voz casi audible: *"¡Yo te he escogido para que me sirvas y me manifestaré a ti con señales, maravillas y prodigios. La compañera que tienes ahora, lo será por siempre!"*.

Claudia reaccionó diciéndome que debían ser sugestiones mías porque no pensaba casarse todavía. Entonces, le respondí con firmeza: *"¡No es sugestión, Dios me habló y sé cuando Él me habla!"*.

Por ese entonces y aunque no lo manifestaba abiertamente, Dios ya estaba encendiendo plenamente en mi corazón la llama romántica, y creo que también venía sucediendo lo mismo con ella, aunque faltarían otras situaciones y experiencias, antes de tener el pleno convencimiento de que seríamos el uno para el otro. Examino mi corazón tratando de encontrar en Él las señales de aquellos primeros momentos, y vienen a mis recuerdos instantes escritos con la tinta imborrable del romance, vivencias que me irían conduciendo hacia el inicio de una amistad, un noviazgo transparente y genuino que, fundamentado en la voluntad del Señor, aún no termina y, por el contrario, se renueva día tras día. Consciente del valor de los sentimientos y la importancia de una estabilidad en tal sentido, la búsqueda de señales de reconfirmación de la voluntad divina, se convirtió prácticamente en una constante, y el Señor estaría presto a responder pues, en sus planes, ya todo estaba definido. En cierta ocasión me dirigía a una población cercana a Bogotá, cuando Dios me habló repitiéndome que me había escogido y se manifestaría a mí con señales y prodigios, pero esta vez complementó: *"¡La novia que tienes será tu esposa, y también me manifestaré a través de ella con señales, maravillas y prodigios!"*. Sin embargo, en ese mismo instante, pedí otra señal y, segundos después, un pequeño pastor de ovejas se acercó a pedirme ayuda porque sus animales se habían dispersado ingresando en un cementerio. Le ayudé a coger una oveja porque no veía a ninguna más, entonces Dios me dijo: *"¡Aquí está la otra señal!"*. Pensé en el número siete y le pregunté a Dios: *"¿Son siete ovejas?"*. Y Él me respondió: *"Son ocho en total. Vé y cuéntalas. Si son ocho, ¡la señal se cumple!"*. Con temor salí a contar las ovejas y, evidentemente, había siete, ocho, sumando la de afuera. Volví nuevamente a contar y reconfirmé el número; entonces alabé y glorifiqué al Señor. La confirmación del propósito divino en el área sentimental, tomaba forma en mi corazón. No obstante, varios días después, me acordé de las ocho ovejas y sentí clamar a Dios por una reconfirmación de las señales: *"¡Señor, tú que ves el futuro tan claro como el presente, conoces todas las cosas antes que sucedan, y sabes* cuál es mi futuro, te ruego que me hables una vez más, pero con tu bendita Palabra. Si mi relación con Claudia viene de ti, te pido que me hables a través del versículo ocho del lado izquierdo de mi Biblia". Con fe abrí la Biblia y apareció el evangelio de Marcos capítulo diez; leyendo el versículo ocho, recibí la más determinante de las confirmaciones: *"¡Y los dos serán una sola carne; así que no son ya más dos, sino uno!"*. Luego de esta manifestación definitiva del propósito de Dios para con nuestras vidas, estoy seguro de que la llama romántica floreció con libertad. No puedo dar muestras de manifestaciones poéticas, dedicatorias y detalles que por lo general identifican a todos los enamorados, incluso, preguntándole a Claudia, ni ella misma los recuerda pues no se dieron con reiteración, pero, sin duda, el romance surgió y se cultivó y ha seguido consolidándose con un matrimonio cuyo fruto, representado en nuestras cuatro hermosas hijas, refleja la unción del Espíritu orientándonos sentimentalmente.

Al preguntarle a mi esposa por lo que ella más recuerda de nuestros primeros momentos juntos en mi plan de conquista, habla jocosamente de la estrategia de "conquistar primero a mi suegra" llevándola a confesar su fe en Jesucristo, de mis visitas y paseos respetuosos hablando siempre de algún tema bíblico, y del deseo de servir al Señor; pero imagino que todos esos momentos llevaban un sello especial, el sello del romance, pues el estar a su lado ya lo hacía todo especial y diferente.

Y aunque no abundan en nuestros archivos recortes de poemas o esquelas escritas con expresiones del corazón, el Señor puso en cada uno esa semilla romántica que nos impulsó a convertirnos en una sola carne. Creo que en algún lugar de nuestra casa reposa el único poema que me atreví a escribirle a mi amada y que leí como un recién enamorado ante varios de mis líderes hace un par de años, un poema que, en resumen, muestra a Claudia como mi llama romántica. Siempre lo ha sido, y sé que siempre lo será. Encender la llama romántica conforme con la voluntad de Dios es también atrevernos a soñar.

6 VISLUMBRANDO EL FUTURO

Al lado de mi amada esposa, he vivido los mejores momentos de mi existencia, y ella ha sido una motivación permanente, ha estado observando más allá de los límites, vislumbrando el futuro a partir de las visiones que Dios nos ha dado. Como soñadores, nos afirmamos y actuamos en el presente, confiando en un mañana de grandes realizaciones.

¿Recuerdan la historia del leproso en el cementerio? Unos nueve meses después de aquel desafío de fe, iba caminando cerca del mismo lugar cuando alguien me llamó, diciéndome: "¡Se acuerda de mí!". Realmente no podía distinguirlo, sólo pude percibir de quién se trataba al oírlo decir: "¡Soy aquel leproso por el cual usted oró en este cementerio, el Señor me sanó, me quedaron algunas señales en mis dedos, pero la lepra no avanzó!". Lo vi totalmente curado. Sentí alegría, su experiencia la llevaba en mi mente y la tendría más ahora sabiendo que, en su tiempo, Dios hace la obra para respaldar el poder de su Palabra. Atrevernos a soñar implica vislumbrar el futuro. Quizá no veamos materialmente en forma inmediata todo lo que deseamos, pero el principio guía del soñador es que, desarrollando su fe, y abrigando la esperanza, pueda ver las cosas que no son, como si fuesen. Lo que uno siembra para el Señor dará el fruto en su tiempo; la Biblia dice que nuestro trabajo para Él no es en vano. Luchar en la siembra hoy, para cosechar con éxito mañana. Esto también es ser visionario.

El que tiene sueños sólidos es el que trasciende el límite del presente y se traslada al futuro como si ya estuviera dado.

Puedo ocupar páginas y páginas de este libro narrándoles acerca de logros tanto a nivel personal como ministerial que se iniciaron en un ideal, en un sueño vislumbrando el futuro: el matrimonio con Claudia, la consecución de la sede, la estación de radio, nuestro primer viaje a Corea y docenas de aspiraciones consumadas en las que la visión siempre ha sido el derrotero. Por lo pronto, mi mayor deseo es desafiarle a usted a trascender el límite de las circunstancias presentes y observar las victorias futuras asido de la mano de Dios.

Vislumbrar el futuro es tener metas definidas. Al referirme a los sueños y la importancia de tener objetivos concretos, recuerdo el ejemplo del piloto que les dice a sus pasajeros: "Saludos para todos, les habla el capitán..., estamos volando a treinta mil pies de altura, vamos a una velocidad de crucero de 800 kilómetros por hora, el tiempo es favorable, **¡pero no tenemos rumbo fijo!**". ¿Qué actitud asumiría usted ante tal afirmación? Indefectiblemente el panorama se tornaría ¡fatal! Igual sucede con millones de personas que no tienen un propósito en la vida, no saben hacia dónde van; esto lo pudimos comprobar a través de nuestro programa de televisión haciendo una encuesta callejera acerca de si las personas se

sentían felices con la situación actual de su vida o, si tuvieran la oportunidad de cambiar algo, ¿qué sería? Para nuestra sorpresa, la gran mayoría de encuestados mostró
conformidad con su situación y no tener ningún interés
concreto en el cambio, ni expectativas para el futuro. Yo
dije: "Dios mío, nuestro pueblo no tiene sueños, no tiene
visión, está viviendo al día, sólo se preocupa por el momento y no manifiesta deseo de proyectarse, la situación
que vive los dirige y ellos no la están dirigiendo; y para mí,
el que prácticamente todo un pueblo haya caído en esto,
es prueba de que necesitamos urgentemente ser sensibles a la voz de Dios, a fin de captar y desarrollar la visión
de Él para nuestras naciones". Tengamos presente que
quien apunta a la nada, a la nada llegará; pero no es eso
lo que el Señor quiere para nosotros, la Palabra de Dios
nos enseña que para el futuro se ha preparado un gran
avivamiento en la iglesia de Jesucristo y que el mismo
será revelado a los jóvenes con visiones y a los ancianos
con sueños. Estoy seguro de que este es el tiempo de
Dios para que ello suceda, pero es importante que todo
creyente entre en la dimensión convirtiéndose en un
soñador; eso sí, como los grandes visionarios de los cuales habla la Biblia, nuestros sueños deben estar sometidos
a la voluntad de Dios. El apóstol Santiago dice: "*Someteos,
pues, a Dios; resistid al diablo, y huirá de vosotros*".
(Santiago 4:7).

Dios da visiones, revelaciones y sueños a aquellos que
se someten íntegramente a su voluntad. El apóstol Pedro
enseña que, cuando nos humillamos bajo la poderosa
mano de Dios, Él nos exalta. La historia de Abraham es
un gran ejemplo de lo que puede ocurrir en una vida cuando existe el sometimiento y la sensibilidad a la voluntad

del Señor. Dios se le reveló a este hombre en sueños y visiones indicándole que dejara a su familia y a su tierra, y que se dirigiera a otra tierra que Él le mostraría y donde lo convertiría en una nación grande y le bendeciría sobremanera. Abraham, actuando en fe, obedeció a Dios, le creyó y pasó a ser uno de los primeros soñadores de la Biblia, incluso, cuando aún no tenía hijo, cosa imposible humanamente por la esterilidad de Sara su esposa, el Señor volvió a incitarle a soñar poniéndolo a contar las estrellas del cielo para mostrarle que así sería su descendencia. Nunca se dio por vencido, día tras día soñaba con el cumplimiento de esa promesa revelada por Dios. Sencillamente, no debilitó su fe y jamás se apartó de su sueño. Esta ha sido nuestra actitud con lo que el Señor nos ha dado, y debe ser también la de usted que está observando el futuro en obediencia a Dios.

Varios relatos bíblicos nos ilustran con ejemplo de soñadores. El hijo pródigo visualizó la posibilidad de regresar a su padre y ser perdonado. Una mujer que padecía de flujo de sangre, ¡soñó que si tocaba el manto de Jesús, sería curada! Y estas visiones se dieron en realidad.

De acuerdo con el apóstol Pablo, como lo veremos detalladamente en la tercera parte de este libro, Dios nos ha concedido tres factores esenciales para alcanzar metas: la **fe**, la **esperanza** y el **amor**. Por nuestras propias experiencias, hemos notado que la gente que tiene éxito es aquella que ha aprendido a tener esperanza, a soñar, a proyectarse. En estas páginas quiero animarle para que reviva la capacidad de soñar, que anide la esperanza y vislumbre el futuro. Observando el recorrido de nuestra vida como soñadores notamos que en todo momento ha habido circunstancias fuertes, con el suficiente peso para aplastar cualquier meta, pero con la mira puesta en la ¡visión! Y depositando nuestra plena confianza en Dios, hemos visto a esas circunstancias o adversidades convertirse en potencial para el alcance del propósito. El Señor lo ha hecho.

Nunca deje que las circunstancias maten sus sueños pues éstos, como la esperanza misma, deben permanecer para siempre; a pesar de lo que suceda, siga adelante con Cristo Jesús. El soñador ignora la frase "¡no puedo!". Ya que *"¡todo lo podemos en Cristo que nos fortalece!"* **(Filipenses 4:13)**. Dios le llamó para transformar vidas y el soñador también es eso, un transformador de vidas pues sabe que de esta manera cambia naciones y continentes.

Cuando teníamos unos tres mil miembros en la Misión Carismática Internacional, los alrededores del templo eran un tanto deprimentes y consideraba que, con ese número de miembros, ya era un pastor de éxito; sin embargo, tuvimos la oportunidad de viajar a Seúl (Corea) y visitar la iglesia del pastor Cho. Quedamos asombrados con el auditorio de lujo con capacidad para unas veinte mil personas por reunión, y rodeado de otros edificios destinados a actividades de la iglesia. El templo estaba lleno. Con esas imágenes ante mí, el Señor volvió a desafiarme, y fue cuando puso en mi corazón la visión de tener una de las iglesias más grandes de Latinoamérica. Cuando regresé a Colombia, llegué con ganas de intensificar el trabajo, deseé el cambio, la transformación, tomé decisiones de compra en cuanto al terreno del templo y edificios anexos. No tenía dinero, sólo soñaba. Dios no necesita dinero, necesita la garra y el empuje de los soñadores; Él honra esto y

Comprar una Iglesia

respalda cada iniciativa. De esta manera comenzaron a venir el crecimiento y la multiplicación. Al poco tiempo ya habíamos comprado el edificio, construimos el templo y abrimos sedes en varias ciudades, pues el Señor respaldó el sueño, respaldó la visión.

7 DESCANSANDO EN LAS PROMESAS

Nuestra mirada hacia el futuro sólo se mantendrá firme mientras descansemos en las promesas. A Dios nada lo toma por sorpresa. A veces, cuando se atraviesa la etapa desértica en nuestras vidas o en el ministerio, se puede llegar a pensar equivocadamente que Él nos ha dejado a la deriva. Sin embargo, como se expresa en el conocido poema acerca de las huellas, cuando vemos en la arena sólo las marcas de dos pies, o sea, en los momentos de mayor dificultad, es cuando Jesús nos lleva en sus brazos. Dios nunca entrega una visión sin acompañarla de promesas que serán vitales para alcanzarla, y son éstas las que nos permiten descansar confiando en que el Señor cumplirá su Palabra. Desde un principio, las promesas divinas nos han estado acompañando, han sido nuestro asidero, el fundamento para reír y seguir adelante, aunque todo pareciera gris.

Tanto mi esposa como yo hemos visto la fidelidad del Señor durante estos años de vida familiar y ministerial. La adversidad ha estado presente de múltiples formas, pero haciendo el papel de la prueba definitiva para demostrarle a Dios que la confianza en su Palabra es para nosotros un estilo de vida. Sólo unos cuantos detalles sobresalientes fueron contados en nuestro paso por el desierto, pero las experiencias oscuras, dentro de la concepción humana, por las que hemos pasado son innumerables; sin embargo, las promesas han estado resonando en nuestra mente y grabadas sólidamente en nuestros corazones para animarnos renovando siempre la visión en un futuro próspero, prometedor.

Descansando en las promesas, hemos podido ver cómo cualquier adversidad, en nuestra vida personal y ministerial, el Señor la ha convertido en una tremenda bendición. Creo que todo comenzó con el mismo sueño con las palabras dadas a Abraham: *"Y haré de ti una nación grande, y te bendeciré, y engrandeceré tu nombre, y serás bendición"* (**Génesis 12:2**). Esa misma promesa la recibimos junto con la invitación a soñar, y a partir de ella, aumentamos la confianza en el Todopoderoso y en su Palabra.

Las Sagradas Escrituras pasaron a ser esa fuente inagotable de inspiración para encontrar refrigerio en medio de las circunstancias adversas. Uno de los aspectos de mayor lucha durante los primeros años de matrimonio y también de ministerio, tenía que ver con la parte económica. Las dificultades financieras caracterizaron los primeros seis años, apenas teníamos lo suficiente para el sostenimiento diario y aun había momentos en que cosas importantes eran frenadas porque no contábamos ni con lo más mínimo para su realización; sin embargo, la fe nunca se debilitó y, partir de promesas como *"¡el Señor es mi pastor, nada me faltará!"*, lo fundamental era satisfecho con la actitud más grande de agradecimiento de nuestra parte. Fueron aquellos duros tiempos de limitación a nivel humano, pero hermosos períodos de preparación y al-

cance de madurez espiritual, aprendiendo a depender totalmente de Dios como nuestra única fuente de provisión.
Mi esposa recuerda las experiencias de esos años con
mucha precisión, pues no había estado acostumbrada a
ciertas limitaciones, pero cuando lo hace, testifica ante
aquellos que viven circunstancias similares acerca de la
soberanía divina y de su fidelidad cuando estamos dispuestos a ser procesados, esperando el tiempo justo para
ser bendecidos. No olvidamos tantos días de escasez, en
los que las promesas pasaron a ser una especie de refugio
en la que encontramos la seguridad de que la provisión
llegaría en el momento preciso y en la proporción definida por Dios de acuerdo con su santa y divina voluntad:
¡...*No os afanéis por vuestra vida, qué habéis de comer o
qué habéis de beber; ni por vuestro cuerpo, qué habéis
de vestir. ¿No es la vida más que el alimento y el cuerpo
más que el vestido? Mirad las aves del cielo, que no siem-
bran, ni siegan, ni recogen en graneros; y, sin embargo,
vuestro padre celestial las alimenta. ¿No valéis vosotros
mucho más que ellas?* (**Mateo 6:25,26**). Aunque no
podemos negar que, como humanos, llegamos a preocu-
parnos en varias ocasiones por la situación que pasábamos, antes de que la angustia se apoderara de nosotros,
este texto nos alentaba a seguir confiando, a seguir esperando, porque la Biblia dice que el que confía en el Señor,
no será avergonzado ni quedará defraudado.

Nuestra vida familiar y ministerial ha estado fundamen-
tada en las promesas bíblicas y hemos creído integralmente
a la Palabra de Dios para emprender cada paso, para
tomar cada una de las decisiones importantes. Quizá por
eso, aferrándonos a cada promesa, en una ocasión, cuando nos vimos en la imperiosa necesidad de entregar el

lugar donde vivíamos en arriendo, dimos uno de los pasos de fe más grandes de los que tengamos memoria. El día señalado para abandonar la casa llegó, sin que yo hubiera tenido la oportunidad de encontrar otro sitio para vivir, las limitaciones financieras no lo habían permitido, pero teníamos que desocupar. Oramos al Señor, y la promesa fue reiterada: *"¡El Señor es mi pastor, nada me faltará, en lugares de delicados pastos me hará descansar!"*. **(Salmo 23)**. Recordamos que un pastor amigo había desocupado un apartamento y basado en la promesa decidí contratar un camión y cargar en él las pocas cosas que teníamos. Llegué al edificio y hablé con el encargado, con toda seguridad le dije: "Un amigo desocupó un apartamento hace poco, estoy interesado en habitarlo". Como era de suponer, el hombre me indicó todo el procedimiento necesario como entregar documentos y esperar el resultado de un estudio de crédito, su sorpresa fue mayúscula cuando le dije que necesitaba el apartamento de inmediato porque en la puerta ya tenía el camión con el trasteo. Al corroborar mis palabras, el encargado sólo atinó a decir: "¡O usted está loco, o es un hombre de mucha fe!". Por supuesto me estaba dejando llevar por la fe, confiando en las promesas. Para mi esposa y para mí, luego de comprobar la respuesta positiva del Señor, aquel apartamento ha sido la vivienda más hermosa que hemos tenido.

Como ya lo he indicado, todos los aspectos de nuestra vida familiar y ministerial han estado fundamentados en la Palabra, la enseñanza de los dos cimientos ha sido clave para no confundirnos y hemos comprobado que el Señor es un Dios de pactos que cumple lo que promete. A nivel ministerial, hemos descansado también en la Palabra de Dios, otorgada proféticamente. En 1989, en tiempos desérticos, el Señor habló tanto a nosotros como a toda la iglesia a través de Randy McMillan, un ministro radicado en Colombia y quien cuenta con un ministerio profético de alto reconocimiento mundial. Los siguientes son algunos apartes de la misma, con los cuales confirmamos, haciendo un balance en los días actuales, que definitivamente, Dios cumple sus promesas.

"Esta iglesia ha encontrado gracia ante mis ojos. Tengo una visión grande para ustedes. En cuanto al área financiera, los levantaré como señales de mi gloria. Presenten su vida a mí con determinación, con esa fe tridimensional de no solamente desear, sino decidir, y no sólo decidir, sino determinar y hacer. Voy a bendecirles sobrenaturalmente y económicamente como iglesia para que alcancen cosas que otros no han alcanzado... Soy un Dios de bendición y de prosperidad total en tu espíritu, tu alma y tu cuerpo; en toda cosa material... Por fe en Dios y en Cristo Jesús, ustedes tienen derecho a ser bendecidos en todas las cosas, aun las materiales, dice el Señor. Los ministerios de esta iglesia van a prosperar... Búsquenme, dice el Señor, entren en pacto conmigo y verán sus finanzas prosperadas, mi iglesia prosperada y mi obra extendida enviando misioneros de este lugar; porque van a tener abundancia en todas las cosas para cumplir mi ministerio, y voy a levantar otros ministerios en esta iglesia local. Tendrán para sus ministerios acá, para apoyar el campo misionero del mundo y para abrir otras obras. Al pastor, el Espíritu dice: Tengo muchos proyectos para ti, estás entrando en la primera etapa, no descanses, no desmayes por el camino, porque todo tiene su tiempo. Este local es sólo una piedra de la cual saltarás a otra piedra, y de ella, a otra piedra... Mi Espíritu tiene gozo por la libertad y el liderazgo de esta iglesia, y así quiero prosperarles grandemente... Verán mi gloria, y les llevaré de gloria en gloria, dice el Señor".

Han pasado casi diez años desde aquel anuncio profético y, tanto las dificultades como los logros en este tiempo, constituyen prueba evidente de la unción poderosa del Espíritu Santo en nuestros ministerios, una unción que seguramente no desaparecerá, mientras sigamos soñando y descansando en las promesas.

8 RESCATANDO A MI FAMILIA

Las promesas de Dios también se extendieron a mi familia y a la de mi esposa. Al descubrir el gran significado de las palabras "*¡y serás salvo tú y tu casa!*", el descanso en el Señor fue mayor pues con ellas teníamos la confirmación de que, tarde o temprano, nuestros padres y hermanos cosecharían las bendiciones, eso sí, tendríamos que hacer nuestra parte para que ello ocurriera.

No es fácil enfrentarse con un padre drástico, con las dificultades que tiene que vivir una madre, y menos aún con los conflictos entre hermanos. Sin embargo, la protección de Dios está siempre en la vida de todo aquel que es llamado a su obra. Soy el octavo de doce hermanos; cuando mi padre falleció, mi madre tomó aliento y se dedicó a levantarnos con la ayuda del Señor. Aunque ella no conocía a Jesucristo, ahora puedo comprender que fue Él quien la ayudó, la guardó y la protegió mientras se esforzaba por darnos la mejor educación y las cosas necesarias para sobrevivir. En todo sentido fue y sigue siendo una madre ejemplar. En casa se practicaba la religiosidad sin conocer a Dios, pero Él, que es tan grande en misericordia, preparó todo para que le conociéramos, y comenzó permitiendo mi encuentro personal con Cristo.

Sin embargo, el proceso de rescate empezó por la familia de mi esposa; mi suegra fue la primera en recibir a Cristo y convertirse en un incomparable apoyo en la iniciación y desarrollo de la iglesia, pero pasaría cierto tiempo antes de ver a mi suegro rendido a los pies del Señor. Él había estado acostumbrado a la estabilidad material y el hecho de que yo hubiera fijado mis ojos en Claudia no era de su pleno agrado; sus planes para ella eran otros, pero Dios estaba listo para procesarlo y llamarlo a su servicio como efectivamente sucedió más adelante, haciendo de él una columna importante en la iglesia. Su experiencia en el campo político sería canalizada por Dios para apoyar nuestra visión en dicha área y hoy es un personaje público nacido de nuevo y de gran testimonio en el Concejo de Bogotá. El cambio tan radical y genuino de los padres de Claudia y su consagración integral a la obra de Dios, sirvió de punto de partida para que mis cuñados también se enfilaran en la vida cristiana y, actualmente, nos gozamos de verlos a todos ellos con sus esposos, esposas e hijos, dedicados de tiempo completo a trabajar profundamente por la causa de Cristo.

En lo que a mis parientes se refiere, tendría que experimentar, humanamente hablando, el paso por varios procesos difíciles antes de ver a mi familia rendida a los pies del Señor y siendo un complemento en el desarrollo de mi ministerio. Creo que el primero de ellos ocurrió cuando, un mes después de haber recibido el bautismo del Espíritu en la congregación a la que asistí por primera vez, ninguno de mis familiares entendió lo que sucedía y, como ya lo he compartido, llegaron a considerar que me había vuelto loco; fue cuando la presión proveniente de ellos me impulsó a salir de la casa.

Tuve que apartarme de mi madre y mis hermanos por causa del evangelio, pero desde ese momento inicié, con la ayuda de Dios, la más grande batalla para ganarlos y conducirlos a su encuentro con Cristo. Tenía una promesa, y en la medida en que cada uno fuera disponiendo su corazón, se haría realidad: *"¡Cree en el Señor Jesucristo, y serás salvo tú y tu casa!"* (**Hechos 16:31**); como lo explicaré más adelante, la salvación es la protección espiritual, física y material que Dios tiene para sus hijos y se extiende a sus familiares. En todo momento me aferré a esta promesa, le creí a Dios y estuve dispuesto a hacer mi parte para que la misma llegara a su fiel cumplimiento. Cuando digo hacer mi parte, hago referencia a todo aquello que, como creyentes fieles, debemos realizar para ver a nuestra familia en el mismo sentir espiritual, es decir, aplicar para con cada uno de sus miembros, las armas de guerra necesarias: oración constante, colocarlos bajo el pacto de la sangre de Cristo, confesar la Palabra y, más aún, cuidar nuestro testimonio personal.

Al preguntarles a mi madre y a mis hermanos sobre los aspectos que han contribuido a su conversión, todos ellos coinciden en reconocer la observación del poder de Dios operado en mi vida y sentir, en medio de cualquier circunstancia adversa, una protección inexplicable para ellos, pero que sólo podía venir de Dios.

Hoy, después de años intercediendo por sus vidas y soñando con su salvación en largas jornadas de ayuno y oración, puedo comprobar la fidelidad del Señor cumpliendo la promesa antes mencionada, al ver a mi madre y a mis hermanos caminando en la senda correcta y, a la mayoría de ellos militando como pastores y líderes destacados en el desarrollo de la obra que Dios nos ha encargado. Sin embargo, quiero compartir testimonialmente la experiencia que tuve con uno de ellos justamente cuando más batallaba a favor de sus vidas.

Ocurrió recién comenzada mi vida cristiana, y fue estremecedora: estaba en mi lugar secreto de oración cuando tuve una visión en la que observé a mi hermano Alberto, el más rebelde de todos, siendo atormentado en las llamas del infierno. Esa terrible visión me llevó a intensificar mis oraciones y clamar desde lo profundo de mi corazón: "¡Por favor, Señor, salva a Alberto!". Sin embargo, pasaron muchos años sin que pudiera ver un cambio en su vida. Después de once años de caminar en la vida cristiana, toda mi familia comenzó a llegar a los pies de Cristo, pero este hermano seguía indiferente, marchando en su propio mundo en el que era esclavo del vicio, el pecado y las malas amistades. Pero la batalla en oración debía continuar con la confianza en que la promesa del Señor se haría extensiva a toda la familia. Un día, Alberto se presentó intempestivamente en mi casa y compartí con él un buen rato durante el cual pude verle un nuevo semblante. Una luz de cambio y de esperanza se dibujaba en su rostro; ya no era el mismo hombre que había visto tiempo atrás; al preguntarle cómo se encontraba, la respuesta salió sinceramente de su corazón: "¡He conocido al Señor Jesucristo y me ha transformado!". Ansioso, le pregunté cómo había sido la experiencia, y con su respuesta, evidencié una vez más que el propósito divino estaba definido no sólo para mí, sino para toda la familia. Alberto me comentó: "¡Tú sabes que siempre he sido rebelde, pero días atrás estaba desorientado, no sabía qué rumbo tomar y en un instante de angustia, exclamé: Dios,

¿dónde estás?"; en ese momento vi que algo descendió del cielo y sentí en mi interior que era el Espíritu de Dios que llegó frente a mí envuelto en una luz gloriosa, diciéndome: "¿Quieres que te cambie?". Le respondí que sí quería cambiar, pero con la condición de que no haría ningún esfuerzo para lograrlo, que Él tendría que arreglárselas solo. Estuvo de acuerdo, pero colocándome también su condición: *"Sigue mi camino y no te apartes de mí"*.

Sentí la sinceridad de mi hermano al comentar el testimonio y recuerdo la seguridad, la emoción y el aire de victoria cuando añadía: "¡Desde ese día comenzó mi cambio, siento que soy una nueva criatura y que ahora la vida tiene sentido! Vivo seguro, sé que Él está conmigo y que todo cuanto necesite me lo da ¡Soy un hijo de Dios!".

El cambio de Alberto estaba tan preciso en los planes del Señor que, por esos mismos días, Juan Carlos, mi hermano menor y quien ya era creyente, tuvo un sueño en el que vio a Alberto en condición lamentable, postrado en un piso con vestimentas andrajosas y en estado agónico, pero de repente su pecho se abrió y de dentro de él salió un hombre nuevo, con nuevas vestiduras y semblante resplandeciente.

Quienes conocen hoy a Alberto, y lo ven trabajar juntamente con su esposa y sus hijos en el liderazgo, a cargo de una de las sedes satélites de la iglesia, y en la que la unción de crecimiento es una extraordinaria realidad, jamás imaginarían que fue rescatado de un mundo sórdido. Hoy cada miembro de la familia es un apoyo en el ministerio. Doy gracias al Señor por mi madre y mis hermanos de quienes siento el respaldo constante en oración y todos trabajan hombro a hombro en pos de la visión que hemos recibido de lo alto.

9 UNA MUJER DE DECISIÓN

He hablado de mi esposa y seguiré hablando de ella a lo largo de este libro porque en cada sueño logrado desde aquel momento en que Dios me permitió conocerla y confirmar que sería mi compañera, su papel como idónea, apoyándome en todo momento, ha sido fundamental y definitivo. Juntos nos propusimos interceder por nuestras familias y el Señor respaldó el anhelo de verlos convertidos en sus siervos, y a partir de aquí, siempre que una determinación se hace necesaria, Claudia se ha dejado usar por Dios para dar el paso definitivo, por esto, ahora que llego a analizar el tema de la importancia de la toma de decisiones para poder alcanzar nuestros sueños, me parece preciso que sea ella quien hable destacando sus propias experiencias, porque en todos estos años de ministerio se ha caracterizado por ser una mujer de decisión.

Claudia ante la decisión

Indudablemente el curso de la vida del ser humano está determinado por las decisiones que tomemos. Si son correctas, nos llevarán al éxito, si no, lo lamentaremos más adelante. Cuando descubrí en la Biblia que ¡andamos por fe y no por vista!, comprendí la importancia de la toma de decisiones teniendo como fundamento la confianza en el Señor. Al mirar hacia atrás, puedo decir que Dios me ha guiado en cada una de las decisiones que he tomado, y al apoyar a mi esposo en aquellas que así lo han requerido. Contando con el privilegio de ser cristiana desde mi juventud, dar pasos de fe lo he vivido como algo básico para el desarrollo de todo creyente.

Aunque no sabía exactamente lo que significaba ¡la vida cristiana!, a los catorce años tomé la más importante decisión: reconocer a Cristo como mi Señor y Salvador y entregarle mi vida. Recuerdo que con todo el corazón hice una oración muy sencilla, tanto que después de eso me levanté como si nada hubiera pasado, pero tenía la seguridad de que sí había ocurrido en el plano espiritual, pues a partir de esas pocas palabras dirigidas a Dios, mi familia fue liberada de muchas maldiciones al tiempo que comenzó la preparación para el liderazgo que, sin sospecharlo en lo mínimo, emprendería posteriormente con César. Esa primera decisión fue la base para otras que irían marcando el curso de mi vida y del ministerio. Lo primero que hice luego de convertida fue apartarme de las fiestas a las que estaba acostumbrada como joven; no fue fácil, pero entendí que para poder crecer tenía que ir dejando a un lado los rudimentos del mundo; el apóstol Pablo le dice a su discípulo Timoteo: *"¡Así que, si alguno se limpia de estas cosas, será instrumento para honra, santificado, útil al Señor, y dispuesto para toda buena obra!"* **(2 Timoteo 2:21)**.

Llegaría después la decisión de contraer matrimonio con César la que representaba un dilema ya que, aunque yo tenía el convencimiento de que como siervo de Dios era un hombre íntegro y lleno del Espíritu Santo, mi familia no entendía esto por no ser cristiana y, por tanto, veían en él un futuro inestable e incierto; sin embargo, a pesar de que me casé muy joven, lo hice con la seguridad de estar guiada por el Espíritu Santo y teniendo en mente el pasaje bíblico que dice: *"¡El que confía en el Señor, no quedará defraudado!"*. Hoy puedo decir que mi matrimonio no me ha traído tristezas porque deposité toda mi confianza en Dios y, con César, decidimos que el Señor y su Palabra se convirtieran en el fundamento de nuestro hogar.

Repasando el listado de decisiones importantes me encuentro con el ingreso en la universidad luchando en medio del errado concepto imperante en algunas iglesias de que, dar este paso, implicaría dejarse absorber por el mundo y permitir el enfriamiento espiritual. Pedí la dirección del Señor y me matriculé para estudiar derecho y ciencias políticas; no tenía ni la menor idea de lo que vendría más adelante, pero ahora sé que fue un paso definitivo con el que el Señor me estaba preparando para retos posteriores relacionados con mi país. Fue durante el último año de estudios cuando César recibió la palabra profética para iniciar la Misión Carismática Internacional, y en este proceso, con el convencimiento de que eso venía de Dios, me dispuse a apoyarlo en todo pues, de una u otra manera, las mujeres podemos ser instrumentos de estímulo o de desmotivación al cónyuge cuando éste debe dar pasos importantes. Mirando un poco al pasado me ubico en el momento en que encontramos la casa para iniciar la obra y reconfirmo que fue otra decisión acertada ya que, de no haber sido obedientes, el cambio de vida de miles y miles de familias no se hubiera presentado.

En 1989, Colombia estaba viviendo una de sus etapas más difíciles, y el Espíritu Santo me guió a tomar otra de las decisiones trascendentales: ingresar en la política. Un día cualquiera de ese año no podía conciliar el sueño y, como a las cuatro de la mañana, el Señor me llevó a un pasaje bíblico ubicado en **2 Crónicas** capítulo **29** en relación con Ezequías, impulsándome con él a interceder por mi nación. Experimenté un profundo dolor por lo que ocurría y, en el espíritu, pude ver la violencia, el daño causado por el narcotráfico y a miles de familias en desolación y apartadas de Dios. Sentí compasión; uno de los frutos del Espíritu tenía que ser desarrollado por Colombia: el amor.

La Palabra de Dios se hizo **rhema** (específica) en mi corazón, dándome los pasos para que la nación fuera restaurada. Dios puso en mi corazón que era necesario entrar en pacto de santificación con mi familia y el liderazgo de la iglesia, así que hicimos una convocatoria para un día de ayuno y oración en el que todos tomamos los pecados de Colombia gimiendo y pidiendo perdón por ellos como si fueran nuestros. Pocos días después, el Señor me dio la oportunidad de reconfirmar la decisión de ingresar en la actividad política observando un programa de televisión en el que una líder practicante del ocultismo daba a conocer sus aspiraciones gubernamentales y sentí el celo de Dios de una manera profunda; fue cuando me vi desafiada creyendo que había llegado el tiempo en que los cristianos debíamos participar en política para establecer el cambio en el país. Dios quiere obrar, pero a través de nosotros. Esa fue una decisión importante que tomé no porque me sintiera capaz, pues por mi manera de ser prefería mantenerme en el anonimato, sino porque el celo de

Dios me guiaba y cuando Él pone algo en nuestro corazón y le obedecemos, entonces viene el revestimiento del Espíritu Santo para que la tarea sea cumplida. Por esta decisión me convertí en candidata al concejo de mi ciudad y a la Presidencia de la República, procesos en los que no obtuve la victoria, pero que formaban parte de la preparación sirviéndome para lograr una imagen a nivel nacional que luego fue la base para convertirme en la primera senadora cristiana en el parlamento colombiano.

La sensibilidad a la voz de Dios ha sido clave para la toma de decisiones sin las cuales el ministerio quizá se hubiera estancado. Recuerdo mi participación en uno de los más destacados pasos de fe como iglesia: la realización de nuestra primera cruzada evangelística con los esposos Hunter. No pasábamos de las quinientas personas en la congregación y nos propusimos llenar un coliseo con capacidad para ocho mil. La iglesia se unió en pleno durante un año para orar por ese evento, y el Señor nos dio la victoria obrando en la cruzada con señales, milagros y prodigios que ayudaron a disparar el crecimiento de la iglesia: tuvimos la necesidad de ubicarnos en un nuevo y amplio local para reunir a cientos de convertidos durante el evento; la gran cosecha llegó. En ese entonces, como tampoco lo hacemos ahora, no miramos las finanzas pues desde un principio hemos entendido que ellas llegan de acuerdo con el grado de fe y confianza en el Señor.

Otras decisiones que no puedo pasar por alto, pues gracias a ellas el progreso del ministerio ha sido significativo, tienen que ver con la adquisición de la emisora y nuestro ingreso en la televisión nacional de Colombia. En cuanto a la primera, veníamos realizando por un costo muy alto un programa de quince minutos en una estación secular, pero llegó el momento en que el presupuesto estaba limitado para eso y, sin embargo, nos propusimos orar por media hora. Una noche, cuando ibamos a iniciar la oración, Dios puso en el corazón de César clamar por toda una emisora, yo sentí lo mismo y lo respaldé; recuerdo que oramos: "¡Señor, antes que termine este año queremos tener una emisora para transmitir programación netamente cristiana las veinticuatro horas del día, que sea una emisora juvenil, ágil, moderna!". El 31 de diciembre de ese año, dentro del balance de logros, aparecía la hoy M.C.I. Radio convertida en una impactante realidad. En 1996, la inquietud se trasladó al campo de la televisión; aun sabiendo las dificultades para ingresar en tan importante medio de comunicación, dada las limitaciones de la legislación colombiana, Dios colocó el sentir en mi corazón de que era el tiempo de entrar y el Espíritu Santo le dio igual convicción a César. Aunque hemos tenido que pagar un precio muy alto, por los elevados costos de producir televisión con los niveles de calidad exigidos en nuestro país estando varias veces a punto de salir del aire, hemos podido permanecer con el programa **Cambia tu mundo,** entendiendo que Dios es fiel y que todo cuanto Él nos ha entregado, el enemigo no nos lo puede quitar.

Resumiendo el volumen de decisiones que han marcado en forma definitiva el rumbo de nuestras vidas a nivel personal y ministerial, tengo que mencionar la determinación de apoyar a César en el inicio de la capacitación de líderes a los seis meses de haber comenzado la obra, fruto de lo cual contamos actualmente con pastores que apoyan el trabajo de crecimiento; el Señor también nos guió a comenzar los encuentros que tanto resultado han brindado, llegando a ser ya una institución; la adquisición del edificio para el templo actual y el edificio de oficinas administrativas, algo que tenía a mi esposo en una especie de lucha y Dios me usó para motivarle a dar el paso y, recientemente, la decisión de arrendar un coliseo con capacidad para casi veinte mil personas para nuestras reuniones semanales y en el que estaremos hasta que el Señor nos dé un coliseo propio.

Esas y otras decisiones que, aunque pequeñas, han sido determinantes, han traído salvación, liberación a nuestra gente, al liderazgo, a la familia y a la nación entera, todo porque han estado basadas en la Palabra de Dios y siendo sensibles a la voz del Espíritu Santo, clamando fervorosamente en el lugar secreto.

EL PODER DE LA INNOVACIÓN 10

La toma de decisiones para el progreso de nuestras vidas y del ministerio en general, ha estado acompañada de un principio sin el cual el alcance de importantes metas hubiera sido imposible: la necesidad de innovar en forma radical y continua. Toda visión implica innovación. Estar dispuesto a romper con los moldes tradicionales forma parte del reto.

Claudia era una mujer más bien tímida en la época en que la conocí, poco le gustaba hablar en público; pero desde septiembre de 1989 tendría que alistarme para todo lo contrario y acostumbrarme a verla de continuo en la televisión colombiana dirigiéndose a la nación entera ¿A qué me estoy refiriendo? Sencillamente a que el Señor renovó su mente para comenzar a usarla como agente de cambio en el país. Los antecedentes tienen que ver con algo que ella ya comentó, pero que yo expondré desde mi perspectiva. Una noche estábamos viendo en televisión la emisión de un espacio político que el gobierno le había adjudicado a los diferentes partidos y, en esa oportunidad, hablaba una mujer declarada abiertamente como practicante del ocultismo. El emblema que identificaba a su movimiento era una escoba (símbolo de la brujería). No estaba preparado para observar aquello, pero mucho menos para notar la actitud de mi esposa quien, en tono de inconformismo, me dijo: "¡Mire por dónde van los brujos!, y nosotros ¿qué estamos haciendo?". Las frases que pronunció después me sorprendieron aún más: ¡Si para que haya un cambio en esta nación tengo que incursionar en política, estoy dispuesta a hacerlo. Quiero ser parte de la solución, no del problema. "¡Si los demás no actúan, yo sí, porque los cristianos tenemos la respuesta a las necesidades de nuestra gente!". Nunca imaginé lo que sucedería en los días venideros.

Dios usó aquel programa político para innovar la mentalidad de mi esposa. Uno de nuestros primeros interrogantes fue: ¿qué pensará la iglesia respecto a una posible participación en política? Encontramos la respuesta haciendo una encuesta a seis mil personas. Para nuestra sorpresa, el 95% de los encuestados estuvo de acuerdo con que los cristianos nos convirtiéramos en una alternativa de cambio para la nación.

Se inició tímidamente tratando de conquistar el concejo de la ciudad de Bogotá y, aunque teníamos seguridad del triunfo, no alcanzamos el objetivo, pero mi valiente esposa no se desalentó; por el contrario, tomó esta experiencia como preparación para seguir adelante y, al poco tiempo, se postuló para la Presidencia de la República. Desde este momento comenzó a dirigirse a los colombianos por televisión y, mientras la veía, pensaba: "¿De dónde sacó Claudia esa fuerza política que antes no le conocía?" Aunque ocupó el quinto lugar entre doce candidatos, obtuvo un reconocimiento nacional que fue al mismo tiempo la demostración de la fuerza de cambio que representaban los cristianos. Poco tiempo después, mi esposa se candidatizó para ingresar en el parlamento y logró resultados positivos que la convirtieron en la primera senadora cristiana y, a la vez, la más joven.

De no haber sido por la innovación que Dios operó en la mente de mi esposa, la conquista de uno de los cargos más apetecidos e importantes de la nación, con sólo dos años de trabajo político, hubiera sido prácticamente imposible.

Comprendí que para que Dios innove la mente, primero coloca un inconformismo en nosotros en relación con lo que hacemos y lo que vemos en derredor, luego va trayendo ideas y a veces las mismas son tan innovadoras que parecen locura para muchos, pues nos sacan de lo común. Cuando estas ideas son aceptadas entendiendo que vienen de parte de Dios, es cuando la mente se renueva. Ésta ha sido nuestra experiencia desde que iniciamos el ministerio.

Hay un poder tremendo en la innovación, en la renovación de la mente, y, de acuerdo con nuestra experiencia, el alcance de los sueños depende profundamente de ello. Guillermo Carey, el padre de las misiones, dijo en una oportunidad: "¡Emprende grandes cosas para Dios y Dios hará grandes cosas contigo!". Desde un principio decidimos actuar de acuerdo con este postulado. Todas las promesas del Señor han sido realidad porque en la vida personal y ministerial ha existido disposición para que así suceda. La mente ha estado abierta para dar más de lo que estamos dando, los temores han sido vencidos por la seguridad de que Dios desarrolla su propósito a través de nosotros mismos.

La motivación que tienen algunos para realizarse en ciertas áreas de su vida, está basada en el amor propio e imponiéndose a los demás, alimentando su orgullo; pero el orgulloso es aquel que se ha salido de la senda correcta y anda por caminos equivocados. El verdadero creyente, tanto en lo que hace como en los éxitos alcanzados, siempre da la gloria a Dios. Y nosotros sí que tenemos motivos para darle la gloria a Dios. Conforme con ¡la medida de fe que Dios repartió a cada uno!, la capacidad de diseñar y soñar siempre innovando dentro del ministerio, ha alcanzado límites insospechados.

Lo que ha sucedido con mi esposa en el campo político se ha trasladado a otras esferas del ministerio. Al conocer la importancia de innovar constantemente, dimos paso a una renovación que no sólo facilitó el crecimiento, sino que ha sido modelo para todo el mundo.

Durante los primeros seis años de nuestro ministerio fuimos pastores comunes apegados a ciertos tradicionalismos y conceptos errados como el pensar que no podíamos vivir del ministerio teniendo que trabajar duro secularmente para bendecir a la iglesia, confundir humildad con pobreza y llegar a creer que el pastor debía andar en el vehículo más viejo y vivir en la casa más deteriorada; incluso, pensábamos que un ingreso en la universidad, como era el deseo de Claudia, iría en contra de la santidad; sin embargo, el Espíritu Santo entró a romper todos esos moldes, a derribar los muros que impedían el crecimiento. Dios ministró la unción de la creatividad en nuestras mentes llevándonos a un cambio total que se inició en la misma selección del nombre de la iglesia, nos pareció estratégico no colocar en él algún término que se asociara con lo evangélico para que no produjera rechazo o apatía, y la estrategia funcionó.

Seguimos con cambios en las reuniones juveniles, las cuales se habían convertido en nuestro dolor de cabeza porque la asistencia fluctuaba entre los cincuenta y los setenta jóvenes, así que dejamos a un lado los coros tradicionales, colocamos música moderna, un equipo de danzas muy bien organizado, y los resultados no se hicieron esperar: miles y miles de jóvenes comenzaron a ver a la iglesia como el lugar de encuentro para ser bendecidos los fines de semana.

La ministración general fue transformada, así como la preparación y edificación de cada uno de los miembros de la congregación. Establecimos seminarios especiales para la familia en lugares distintos a la iglesia, cambiamos el culto de las damas y se concretaron grupos ministeriales a los que les fuimos delegando funciones que facilitaron el crecimiento.

La lista de cambios es casi infinita y la de logros también, todo porque decidimos poner en práctica el poder de la innovación, romper los moldes. Definitivamente tenemos que ser creativos: el mundo es de la gente que innova. Hay que hacer de la Biblia algo práctico, porque la Palabra de Dios sigue vigente en nuestros días. Si anhelamos ser instrumentos eficaces en las manos de Dios, entonces tengamos en cuenta que Él nos insta a ser creativos para influenciar positivamente en los demás, somos la luz del mundo y la sal de la tierra, la única condición es estar dispuestos para la tarea viviendo en integridad y con un corazón perfecto como el Señor lo demanda.

Todo cuanto hemos logrado hasta el momento tiene su origen en un propósito divino, asociado a la renovación de nuestra mente, una mente resuelta siempre a soñar innovando en el actuar.

CÓMO OÍR LA VOZ DE DIOS **11**

No veo ningún logro alcanzado en nuestro ministerio que no haya sido el resultado de haber escuchado sensiblemente la voz de Dios estando por horas en el lugar secreto de oración o en alguna circunstancia especial de la vida. Desde el instante maravilloso de mi conversión, y a lo largo de los años de ministerio, escuchar la voz de Dios ha pasado a ser lo esencial para el progreso de la obra que tenemos en mano. *"¡Porque mis pensamientos no son vuestros pensamientos, ni vuestros caminos mis caminos, dijo Dios. Como son más altos los cielos que la tierra, así son mis caminos más altos que vuestros caminos, y mis pensamientos más que vuestros pensamientos...!"* **(Isaías 55:8,9)**. Con base en este principio bíblico, pensé que pretender hacer la obra de Dios en nuestras fuerzas era ir contra su propia voluntad.

No conozco ningún ministerio que haya prosperado actuando dentro de la dimensión humana, la guía fundamental y eficaz para el cumplimiento del propósito de Dios es estar atento a su voz. Puedo contar por docenas las personas que, entendiendo la importancia de ser guiados por el Espíritu Santo, se acercan día tras día para formular la pregunta: "¿Cómo oír la voz de Dios?". La Biblia dice que "¡sin santidad nadie verá al Señor!". Santidad e integridad de corazón son dos conceptos que se unen en el proceso para poder escuchar la voz de Dios. Mi experiencia me indica que llegamos a esta condición sólo cuando mostramos disposición para ser ¡quebrados!, en el altar de Dios. Podría quedarme indicando metodológicamente los pasos para llegar a esa meta, pero no hay nada más diciente en la vida para la edificación de otros, que compartir lo que se ha experimentado personalmente, y, en cuanto a oír la voz de Dios, el testimonio de mi esposa puede ser edificante para su vida.

Claudia escuchando la voz de Dios

De las grandes situaciones vividas al comienzo de mi amistad con César y que nunca saldrán de mi memoria por el impacto que me causaron, preciso el día en que él se me acercó y mirándome a los ojos me dijo con seriedad y seguridad: "¡Claudia, yo sé que tú vas a ser mi esposa!". Me dejó perpleja porque en ese tiempo para nada pensaba en casarme, pero él me comentó la experiencia que había tenido con el Señor en cuanto a nuestra relación cuando le dijo: "¡Ora por esta mujer porque va a ser tu esposa!". Desde allí tuve el convencimiento de que realmente Dios le hablaba, que era un hombre de fe al que el Espíritu Santo le comunicaba las cosas en forma directa; por eso cuando me compartió la manera como había recibido la palabra profética para fundar la Misión Carismática, la forma como le reveló lo relacionado con las células y el modelo de los doce, no tuve la menor duda de que todo eso, efectivamente, venía de Dios. Yo puedo testificar que han sido muchas las palabras concretas del Espíritu Santo dadas a su vida y al ministerio. Tengo que ser muy sincera, siempre anhelé escuchar la voz de Dios de la misma manera que mi esposo lo lograba; aunque desde mi conversión me preocupé por llevar una vida recta tratando de hacer la voluntad del Señor, oír directamente su voz no formaba parte de mis experiencias; incluso, las preguntas que más hacía a César eran: "¿Cómo es que tú escuchas la voz de Dios? ¿Estás completamente seguro que es su voz?". Lo confirmé al sentirlo después de veintiún años de vida cristiana gracias a una experiencia que se convirtió en mi **peniel**, mi quebrantamiento, la derrota electoral en 1994. Una vivencia dolorosa, pero que me condujo a entender literalmente lo que dice la Biblia acerca de que "¡si el grano de trigo no cae y muere, queda solo, pero si muere, lleva mucho fruto!".

Aparentemente venía llevando una vida exitosa: esposa del pastor de una de las iglesias más grandes de Colombia, un hogar hermoso con hijas maravillosas, senadora de la República y sin problemas financieros; en pocas palabras, la vida que cualquiera anhelaría. Sin embargo, era un grano de trigo que no había muerto. Me dispuse a volver al Congreso y en las encuestas electorales de 1994 aparecía como segura ganadora con toda la potencialidad para ocupar los primeros lugares; no obstante, para sorpresa de todo el mundo y mi decepción personal, perdí faltándome sólo cien votos para conservar la curul. Creo que fue esa la primera vez en la vida en que me sentí frustrada, derrotada, incluso, llegué a pensar que la Biblia dice una cosa y estaba viviendo otra, y le reclamaba al Señor, diciendo: "¡Tú has dicho que estaremos por cabeza y no por cola!". Pero esos reclamos no tuvieron respuesta pues era necesario mi **peniel** (cara a cara con Dios) para morir a mis deseos, a mis propias metas. Dios es fiel a su Palabra, y si no fui cabeza en esa oportunidad, el problema no estaba en Él, estaba en mí. Entendí que el Señor me había llevado a un lugar muy alto para dejarme caer. Al perder las elecciones algo se rompió dentro de mí.

Mi **peniel** no fue como el de Jacob que duró sólo una noche en la que se mantuvo peleando con un ángel hasta que logró su bendición; el mío se prolongó por casi un año durante el cual experimenté el trato divino. Pasaba días enteros en mi cuarto de oración, instantes depresivos en los que veía a mis enemigos espirituales burlándose de mi situación y, como esto me molestaba, a través de la lectura de la Biblia Dios me daba a entender que seguía viva, que tenía un ego muy grande y eso tenía que morir. No tenía deseos de hablar con nadie, excepto con César, aunque no le comunicaba lo que sentía internamente porque en el **peniel** eres tú solo con el Señor; comprendí que a César también le había tocado pasar por su **peniel** y que los frutos del ministerio se debían a él y no a mí. Sin embargo, el Señor quería usarme aunque no lo entendía y por ello, después de la derrota electoral, pensé que mi trabajo debía limitarse a mi papel de esposa y madre. Llegué a considerar que el pueblo colombiano era desagradecido porque se olvidó de mis logros como senadora en beneficio de ellos y también eso tenía que morir porque había hecho todo en mis fuerzas. Estuve en una condición espiritual en la que me vi cara a cara con Dios como le sucedió a Jacob, permitiéndome descubrir mis debilidades y pecados, una naturaleza pecaminosa que debía llevar diariamente a la cruz, mostrándome en su Palabra que Él era la vid y yo una rama que nunca daría fruto si no estaba pegada a Él. Me arrepentí, reconocí que venía viviendo en el plano natural y no en el espiritual, que sin

Dios era nada, que no tenía fuerzas sin Él. Durante todo este tiempo no escuché la voz de Dios.

Fue en un viaje a Israel al cual casi me negué a ir, cuando, caminando por las calles de Jerusalén, escuché por primera vez la voz del Espíritu Santo, diciéndome: "¡Hija, te he traído a esta tierra porque desde ahora escucharás mi voz. Todo lo que has vivido hasta hoy ha sido simple preparación. De aquí en adelante comienza tu ministerio!". Creo que no entendí en el primer momento. Ya llevaba veintiún años en la vida cristiana, era pastora, había desarrollado un liderazgo y hecho muchas cosas que podrían considerarse características de una persona que lo tenía todo definido, pero el Señor me indicó que todo ello era parte del proceso en el que quien va a ser usado por Él tiene que entrar. Un proceso de dolor que no es fácil sobrellevar humanamente, en el que se tiene que morir, autonegarse pues de lo contrario no se da fruto. En esa ocasión fui sensible a la voz de Dios cuando me dijo que fuera al Jordán para ser bautizada nuevamente e, incluso, me mostró quién habría de hacerlo: un misionero mexicano que luego me compartió que, cuando su madre estaba encinta de él, un profeta oró mostrando: "¡Este niño que va a nacer, tendrá el ministerio de Juan el Bautista!".

Cuando salí de las aguas del Jordán, sentí literalmente en el espíritu que los cielos se abrieron y que Dios envió a su Espíritu Santo; fue entonces cuando mi vida cambió. Lloré profundamente sintiendo el verdadero quebrantamiento. Terminado el evento que nos había conducido hasta Israel, el pastor que dirigía me pidió que predicara en el lugar donde Jesús compartió el Sermón de la Montaña; yo no estaba incluida en el programa, pero sabía que esa propuesta venía del Señor y, cuando abrí mis labios, fui mudada en otra mujer; recuerdo que hablaba con una voz tan potente que me asombraba a mí misma; sin duda, el Espíritu Santo estaba actuando a través de mi vida. De ahí en adelante he seguido escuchando la voz de Dios dirigiendo todos mis pasos. Mi tiempo devocional fue transformado dándome intercesión profética e interpretación de lenguas, además de la capacidad de observar los corazones de nuestra gente para conocer sus necesidades espirituales.

Poco tiempo después, el Señor confirmó en labios de una profetisa que llegó a nuestro país que, evidentemente, sí tengo un llamado a la política, y en cuanto al ministerio, en labios del profeta Bill Hammond, me dijo: "*¡De ahora en adelante no estarás detrás de tu esposo, sino a su lado, y los dos tendrán la misma unción ministerial!*".

Sólo cuando me dispuse a quebrarme, a morir, el crecimiento de la iglesia se disparó, pasamos en un año de mil doscientas a cuatro mil células y, al año siguiente, completamos diez mil; actualmente superamos las veinticinco mil. Definitivamente yo estaba siendo un obstáculo para esa multiplicación. Hoy doy gracias al Señor por la derrota electoral de 1994, por ese doloroso **peniel** que no sólo fortaleció mi carácter, sino que me permitió comenzar a oír su voz. Lo que dice la Biblia es real: "*¡Los que son hijos de Dios, son guiados por el Espíritu de Dios!*". Quiero finalizar diciéndoles que Dios no hace excepción de personas, que usted también puede escuchar la dulce voz del Espíritu Santo, y para que eso ocurra, primero tiene que morir.

REMOVIENDO 12
LA PIEDRA

Muchos de los que observan el crecimiento de la Misión Carismática Internacional en nuestros días, concluyen que Dios se ha comportado de manera excepcional con nosotros. Mi esposa y yo estamos de acuerdo; desde todo punto de vista hemos comprobado la fidelidad del Señor confirmando día tras día que hacemos lo que Él exactamente quiere, respaldando nuestra respuesta a su llamado. Sin embargo, junto con el liderazgo que nos apoya, hemos tenido que pagar un precio muy alto, y lo seguiremos pagando en la medida en que sepamos que todo cuanto suceda forma parte de la voluntad de Dios para permitir el progreso del evangelio y el fortalecimiento del ministerio.

Cuando de pagar el precio se trata, Dios ubica en mis recuerdos todos los obstáculos surgidos en el camino y que, sólo por su misericordia, pudimos descubrir a tiempo y superarlos con la guía absoluta del Espíritu Santo. En este capítulo, antes de pasar a la segunda parte del libro en la que hablamos de las estrategias dadas por Dios para ver cumplidos nuestros sueños, he querido compartir la experiencia vivida con algo que he decidido llamar **¡la piedra!**, que en un momento importante para el ministerio se levantó en el camino y que, de no haber sido por la sensibilidad a la voz de Dios, así como la disposición a esperar su tiempo cuando Él lo ha pedido, quizá la visión entera hubiera fenecido.

Antes de entrar en los detalles me parece oportuno reiterar que un ministerio próspero parte de un genuino y directo llamado de Dios. El Señor le habló directamente a Moisés, lo hizo de la misma manera con Josué, con Abraham y otros destacados hombres de la Biblia, y en nuestros tiempos, Él continúa haciéndolo así. Dios trasciende lo intelectual y observa el corazón del hombre buscando integridad y santidad para poderle dar una visión y encomendarle una misión. En la vida cristiana, el liderazgo no es impuesto por el hombre. Dios llama, equipa y envía. El hombre que ha de ser un instrumento en las manos del Señor, no surge de la noche a la mañana de la nada, es el fruto de un proceso en el que esencialmente se tiene que morir a la carne y una de las primeras cosas que tienen que morir es ¡la sed de poder!

Un principio importante que he aprendido de líderes prominentes en el mundo, que han sabido responder a la voz de Dios en el momento preciso y han estado prestos a pagar el precio es que ¡Dios no elige a las personas por lo que son, sino por lo que pueden llegar a ser a través de sus vidas moldeadas o quebradas! Ser líder es una posición que tiene su riesgo; en liderazgo, se está en situación de doble peligro: bien puede ser atacado por delante por sus enemigos, o puede ser atacado por detrás cayendo en manos de su propia gente.

En 1991, el Señor nos alertó porque esto estaba a punto de suceder en nuestra iglesia. Para los observadores, el crecimiento se daba a un ritmo inigualable, pero no como Dios lo tenía planeado porque ¡había una piedra! que lo obstaculizaba.

Entre 1989 y 1990, se marcó una pauta importante en el ministerio con la incursión de mi esposa en el campo político; fue el tiempo en que el Señor nos estaba entregando la capacidad y el poder para influir como cristianos en las esferas administrativas del país. En Colombia se tenía la creencia de que la política era tan corrupta que los cristianos no debíamos participar en ella, no obstante, Dios le habló a mi esposa recordándole que somos justamente nosotros los llamados a ser luz en medio de las tinieblas. Algunos intentaron infundir temor diciendo que si actuábamos en política se detendría el crecimiento de la iglesia; sin embargo, para gloria de Dios y bendición de Colombia, se dio el paso en fe.

Después de tan importante paso, en 1991, sentimos que se avecinaba un mayor crecimiento, pero algo impedía que el mismo fuera dándose en todas las dimensiones. Estando en uno de mis prolongados períodos de oración pidiendo la dirección de Dios para algunas decisiones, clamando por una estrategia que ayudara en la fructificación de las setenta células que teníamos hasta ese entonces, recibí la extraordinaria revelación del modelo de los doce. Dios me corrió el velo. Fue entonces cuando obtuve con claridad el modelo que ahora revoluciona al mundo en cuanto al concepto más efectivo para la multiplicación de la iglesia: **los doce**. Dios lo justificó recordándome la manera como Jesús había trabajado con doce discípulos. Jesús no preparó ni once ni trece, Él reprodujo su carácter en doce y ellos, a su vez, debían reproducir la visión del Señor al mundo entero. Aunque las multitudes lo seguían, Él siempre centró su atención en los doce.

En ese entonces escuché al Señor, diciéndome: *"¡Vas a reproducir la visión que te he dado en doce hombres, y éstos deben hacerlo con otros doce, y ellos a su vez en otros doce!"*. Cuando Dios me mostró esta proyección de crecimiento, me maravillé; pero al intentar iniciar su aplicación, Él mismo me dijo: *"¡Todavía no es el tiempo!"*. Obviamente extrañado le pregunté el porqué y su respuesta fue inmediata y oportuna: *"¡Hay uno de los que está contigo que no tiene tu corazón ni está en tu mismo sentir. No es fiel, no es sano!"*. Dios tuvo que llevarme a través del túnel del tiempo para mostrarme: *"¡Si este hombre conoce la visión que te estoy dando y comienza a multiplicarse, de aquí a un año tendrá tantas personas que dirá: Estos son mis discípulos, nada tengo que ver con la Misión Carismática Internacional, formaré iglesia aparte!"*. Comenzando nuestra iglesia esto se veía como algo fatal. La persona a la que el Señor se refería era uno de los principales, pero también era la piedra. Para un líder que ha tomado su tiempo para preparar en amor, con dedicación y fidelidad a todos aquellos que están cerca suyo, enterarse de algo como esto equivale casi a experimentar lo de Jesús en relación con Judas y con Pedro. Nadie quiere que esto suceda y le cuesta trabajo aceptarlo si el comentario viene de parte de un hombre, pero era el Señor quien me alertaba directamente. Dios me mostró todo: *"¡Si él conoce esta visión de multiplicación y la sigue, te divide la iglesia y causará un tremendo daño"*. Comprendí que debía frenar la visión hasta que este hombre abriera su corazón, ya que no teníamos argumentos para decirle que era un rebelde.

Poco antes de conocer la revelación alusiva a este hermano, él dirigía el Instituto Bíblico, y con su esposa habían tenido la oportunidad de remplazarnos por quince días como pastores mientras cumplíamos con Claudia un compromiso fuera del país; de manera que habían saboreado un poco el poder y, por inmadurez espiritual, éste se les subió a la cabeza permitiendo en su vida un espíritu de ambición. El orgullo y la falta de humildad, que sabía ocultar muy bien, eran característicos en su vida. Pero el Señor fue dándonos sabiduría para manejar la situación mostrándonos exactamente lo que había en su corazón y, poco a poco, le fui quitando autoridad hasta que, un año después, lo envié a dirigir una sede que nunca despegó mientras estuvo a su cargo. Llegó el momento preparado por Dios para que este hombre saliera definitivamente de la iglesia y junto con él se fueron otros que aparentemente eran nuestros amigos. Cuando esto sucedió, vino el milagro, todas las bendiciones que habían estado represadas comenzaron a manifestarse; sentí como si se tratara de un río caudaloso que quería fluir pero una piedra gigantesca lo estancaba, y tan pronto ellos salieron, pude observar la piedra removerse y el río iniciar su fluir con libertad. A la sede que estaba en manos de aquel hombre enviamos a otro líder quien, por más que se esforzaba, no alcanzaba el fruto, hasta que el Señor le mostró en oración lo que ocurría: en una visión vio un principado en forma de gigante con la cabeza pegada a los hombros, sin cuello, y el Señor le dijo: *"¡Es un principado de orgullo que tiene atada a la iglesia por causa del pastor anterior, y si no tiene cuello es porque no se quiere humillar ante nadie!"*. Tuvo que entrar a quebrantarlo y fue cuando esa sede comenzó su crecimiento.

Cuando lo anterior sucedió y la piedra fue removida, la prosperidad vino a la Misión Carismática en todas las dimensiones: se compró el edificio del templo, se adquirió otro con 52 oficinas para la parte administrativa, éste lo tomamos originalmente en renta y lo compramos seis meses después porque en principio no contábamos con el dinero. Se construyó en ese mismo año el templo, se abrieron sedes satélites en Bogotá. Todo eso y mucho más en sólo un año. Bastó obedecer la voz de Dios, ser celosos con su obra y que la piedra fuera removida. Esta experiencia era como haber vivido en forma directa las palabras de **Isaías 62:10**: "*¡Pasad, pasad las puertas; barred el camino al pueblo; allanad, allanad la calzada,* **quitad piedras**, *alzad pendón a los pueblos!*".

SEGUNDA PARTE
Estrategias para el éxito

La capacitación no es opcional: "El que se compromete
conmigo también lo hace con mi doctrina"

PROYECTÁNDONOS 1
HACIA EL ÉXITO

En esta segunda parte intentaré exponer en detalle lo relacionado con el modelo de los doce, la estrategia de multiplicación y liderazgo con la que el Señor nos ha permitido lograr lo que ya han visto hasta ahora, y lo que es más importante, proyectarnos al éxito en todo momento. Pero, primero, creo necesario concientizarlo de que la proyección al éxito es algo que también le compete a usted. Nadie alcanzará una dimensión de crecimiento como la nuestra, si individualmente no convierte el éxito en un ideal a través del cual el Señor pueda derramar de sus bendiciones haciendo efectiva su Palabra.

No existe una persona que no anhele ser exitosa en lo que hace. Pero ¿qué es el éxito? Podríamos identificarlo como metas conquistadas, sueños realizados, obstáculos vencidos, triunfos aclamados, y todos aquellos logros que niños, jóvenes y adultos deseamos tener.

Como humanos ansiamos ser reconocidos, valorados y aceptados; de ahí que las más grandes heridas son producidas por el rechazo. Sin embargo, mis experiencias personales y mi relación con personas que han superado los obstáculos, me permiten garantizar que ni el rechazo, ni las barreras familiares, sociales, culturales, ni la situación económica constituyen impedimentos para alcanzar el éxito.

Sea esta la oportunidad para considerar un poco el tema desde la perspectiva de Guillermo Carey, el "padre de las misiones"; para mí, es un ejemplo fiel de lo que significa conducir la vida en proyección hacia el éxito. En 1739, Dios lo llamó a su obra. Tenía 14 años cuando ingresó en un instituto bíblico; para sostenerse tenía que trabajar en una zapatería; a los 18 comenzó a pastorear su primera iglesia, pero seguía trabajando como zapatero. Sin embargo, este hombre tenía una carga por los perdidos y una visión para alcanzarlos. Así que fabricó un mapa del orbe y una réplica del globo terráqueo con retazos de cuero. Carey se dedicó a mirar las necesidades de las distintas naciones y día tras día su visión fue aumentando. Cuando tenía 25 años lo invitaron a dar un mensaje que se convirtió en una de sus más afamadas e impactantes predicaciones, basándose en los versos **2** y **3** del capítulo **54** de **Isaías** que dicen:

"Ensancha el sitio de tu tienda, y las cortinas de tus habitaciones sean extendidas; no seas escasa; alarga tus cuerdas, y refuerza tus estacas. Porque te extenderás a la mano derecha y a la mano izquierda; y tu descendencia heredará naciones, y habitará las ciudades asoladas".

Carey tituló esta predicación así: "**Emprende grandes cosas para Dios y Dios hará grandes cosas**". Este mensaje fue el punto de partida para que millones y millones de misioneros salieran a las naciones paganas a conquistar almas para Cristo; él particularmente escogió a la India como su centro para predicar el evangelio, logrando abolir las prácticas paganas de aquella nación. Se trataba de un hombre igual a ti y a mí, pero quizá con una diferencia radical. Este era un hombre visionario quien desde un principio supo lo que quería y esto lo llevó a proyectarse hacia el éxito.

Como ya he dicho, nada impide que todos seamos personas victoriosas. Basado en la vida de Josué, uno de los hombres de éxito que encontramos en las Sagradas Escrituras, descubrimos algunos pasos que nos ayudan a comprender que la vida exitosa está al alcance de todos. Es curioso, pero el nombre "Josué" tiene el mismo significado de "Jesús", o sea, "Salvador".

Analicemos juntos la historia: el pueblo de Israel venía de la travesía por el desierto, 40 años caminando, dando vueltas sin alimento, ni agua, ni tiendas, etcétera; por la misericordia de Dios, ellos pudieron resistir sin los recursos indispensables. El pueblo de Israel practicó uno de los principios del éxito que es creer en la Palabra de Dios, así que el Señor hizo llover pan, **maná** del cielo, y cuando tuvieron sed hizo brotar agua de la roca. Todo esto sucedió estando bajo la dirección de Moisés; pero al morir éste se necesitaba a alguien que continuara con la tarea de guiar al pueblo hasta la tierra prometida, y Dios le habló a Josué quien era servidor de Moisés, pero que a un tiempo, se caracterizaba porque:

1. Era un hombre feliz. Tener felicidad nos proyecta al éxito. Josué tenía felicidad, pues sólo una persona en estas condiciones a la edad de 40 años y caminando por los límites de Canaán, al ver que dicha tierra estaba habitada de gigantes lograría mantenerse incólume sin desalentarse y dándose ánimos pensando: "Pobres grandulones, verán que los devoraremos como pan". ¿Qué confianza tenía a diferencia de los otros espías que habían ido con él, quienes se consideraron como insectos al lado de los gigantes? Josué le creyó a Dios y este es el punto de partida para ser feliz. Por eso Josué dijo: **"Dios ha quitado su amparo de ellos y nos lo ha entregado a nosotros"**. Esta es una proyección al éxito, dar por seguro lo que aún no ha ocurrido confiando en las promesas del Señor.

2. Gozaba de buena salud. Cuando el Señor les entregó la tierra de Canaán, Josué era de 80 años y seguía robusto, valeroso y listo para conquistar siete naciones. Él tenía cuidado de los alimentos que consumía. Josué nunca descuidó su estado físico y logró vivir 110 años. Una de las cosas que escuché de parte de Dios al ser llamado al ministerio, fue acerca de la importancia de cuidar la salud, pues mi cuerpo es templo del Espíritu Santo. Usted debe entender lo mismo, en el camino al éxito su cuerpo debe estar preparado para afrontar las adversidades y listo para gozar de los grandes logros.

3. Tenía paz mental. No había pensamientos que lo presionaran ni que le robaran la tranquilidad ¿y saben por qué? Porque nunca hizo nada que ofendiera al Señor, incluso no quiso tomar el liderazgo por la fuerza, siempre se mantuvo con un espíritu de servicio. Por otra parte, nunca fue pesimista; estaba completamente seguro de que Dios iba con él y sabía que era suya la victoria. En el proceso de proyectarnos al éxito debemos recordar que Dios tiene un tiempo para todos y que tomados de su mano conquistaremos los deseos de nuestro corazón.

4. **Era un hombre próspero**. La Biblia habla de Josué como un hombre próspero no porque haya trabajado arduamente en un yacimiento de petróleo. En **Josué 1:8**, dice:

> "*Nunca se apartará de tu boca este libro de la ley, sino que de día y de noche meditarás en él, para que guardes y hagas conforme a todo lo que en él está escrito; porque entonces harás **prosperar** tu camino, y todo te saldrá bien.*"

El secreto de la prosperidad de Josué fue no apartarse nunca de la Escritura. Si escudriñamos la Palabra en todo momento y la aplicamos, las puertas comenzarán a abrirse, el futuro irá definiéndose.

5. Tenía buenos amigos. Es importante tener buenos amigos para poder alcanzar nuestras metas. Josué tuvo un gran amigo con el que fue a espiar la tierra de Canaán, su nombre era Caleb. Los dos se motivaban, incluso el resto de los espías los miraban raro y no comprendían cuando ambos se expresaban en términos de triunfadores, imaginándose cómo acabarían con los gigantes. El alcance del éxito en la vida también está influenciado por el tipo de personas que nos rodean. Si nos rodeamos de pesimistas el futuro será incierto, pero si nos rodeamos de personas como Josué o Caleb, venceremos y el mundo será nuestro.

Daniel tenía tres amigos que fueron su mayor apoyo en oración cuando el rey amenazó con quitarle la cabeza. Pero es importante que los amigos que permitimos en derredor nuestro sean temerosos de Dios, sólo así se puede cumplir el proverbio de Salomón que dice: "*Amigo hay más unido que un hermano*".

Ahora que se dispone a conocer los principios estratégicos de crecimiento de nuestra visión, lo invito a que lo haga teniendo en mente que Dios nos ha dado a todos lo necesario para que seamos triunfadores en la vida. Lo que ha impedido que muchos alcancen el éxito ha sido el temor al fracaso y el hecho de haberse quedado paralizados mirando las derrotas del pasado. Dios anhela transformarnos y hace de todo lo viejo algo totalmente nuevo. Aprenda a soñar, descubra sus talentos, renueve su mente, establezca metas y rodéese de buenos amigos. Recuerde que proyectarse es ir hacia adelante.

UNCIÓN DE MULTIPLICACIÓN 2

"El Espíritu de Jehová está sobre mí, porque me ungió Jehová; me ha enviado a predicar buenas nuevas a los abatidos, a vendar a los quebrantados de corazón, a publicar libertad a los cautivos, y a los presos apertura de la cárcel..." **(Isaías 61:1).**

Todo aquel que quiera evaluar el éxito de un ministerio, necesariamente tendrá que remitirse a su crecimiento en el área espiritual y a su multiplicación numérica. Sólo aquellos que se mueven guiados por un espíritu de conformismo argumentarán que es más importante la calidad del creyente que la cantidad que exista de ellos en una iglesia; sin embargo, opino que las dos cosas van combinadas. Jesús dijo que seríamos conocidos por "el fruto"; además agregó:

"En esto es glorificado mi Padre, en que llevéis mucho fruto, y seáis así mis discípulos". **(Juan 15:8).**

Ahora, este fruto hace referencia tanto a la parte espiritual como al crecimiento numérico y éste será posible por la unción del Espíritu Santo, actuando en la vida del líder y en la iglesia en general.

La unción es para multiplicación. Desde el principio de la creación notamos que el concepto de crecimiento y multiplicación siempre ha estado en la mente y en los planes de Dios para el mundo. El Señor dijo a través de los profetas: *"Yo Jehová no cambio, no cambio ni mudo lo que ha salido de mis labios"*.

Hay quienes piensan que el Dios de ahora es muy diferente al de la antigüedad; les pasa lo del niño que estaba leyendo en el Antiguo Testamento aquellas historias sangrientas y le pregunta a su padre: "Papá, ¿esto sucedía cuando Dios no era cristiano?". Lo interesante es saber que Dios nunca cambia y que, por consiguiente, su propósito para con el hombre tampoco. El Señor le proporcionó al hombre todo lo necesario para que fuera feliz, y una vez lo creó le dio el mandato: *"Creced y multiplicaos. Llenad la tierra"*. Dios le dio la orden de multiplicación a la primera pareja. Si hacemos un análisis detallado, notaremos que en cada área de la creación está el espíritu de la multiplicación: una semilla cae a tierra, muere y se multiplica. Si Adán se hubiera resistido al mandato divino, ni usted ni yo estaríamos ahora comentando esta historia. Desde sus dos primeros hijos, Caín, quien representó la descendencia de los hijos de los hombres, y Abel, en representación de la descendencia de los hijos de Dios, se inició el proceso de multiplicación. Más tarde, cuando Dios decide borrar al hombre de la faz de la tierra a raíz de la condición de pecado a la que habían llegado, encuentra a Noé quien halla gracia delante de Él y le comisiona la construcción del arca y la preservación de su familia estableciendo un pacto en el que continúa el deseo de crecimiento en el corazón de Dios: "Creced y multiplicaos, llenad la tierra". La generación de Adán había desaparecido y entra la generación de Noé a través de cuya descendencia, Sem, Cam y Jafet, seguiría el proceso multiplicador. Con ellos la tierra fue poblada, pero con el paso de los años se apartaron de Dios entregándose a adorar ídolos y el Señor tuvo que intervenir; fue cuando llamó a otro hombre: Abraham. Todos conocemos el llamado y la promesa en la que el concepto de multiplicación continúa claro:

> *"...Vete de tu tierra y de tu parentela, y de la casa de tu padre, a la tierra que te mostraré. Y haré de ti una nación grande, y te bendeciré y engrandeceré tu nombre, y serás bendición. Bendeciré a los que te bendijeren, y a los que te maldijeren maldeciré; y serán benditas en ti todas las familias de la tierra"* (**Génesis 12:1,3**).

La Escritura cuenta que Abraham le creyó a Dios; por esto, en otra oportunidad el Señor le dijo:

> *"...Mira ahora los cielos, y cuenta las estrellas, si las puedes contar. Y le dijo: Así será tu descendencia. Y creyó a Jehová, y le fue contado por justicia"* (**Génesis 15:5**).

Con estos antecedentes en mente, no podemos dudar de que la multiplicación ha estado desde el inicio en el propósito de Dios.

Lo que ha permitido ir cumpliendo dicho propósito es la manifestación de la unción del Espíritu Santo en el proceso. Al llegar a esta parte tengo la necesidad de remitirme al Nuevo Testamento. Tuve la oportunidad de visitar Tierra Santa y al llegar al Aposento Alto, me encontré con un lugar frío, de calles angostas y oscuras que me incitaron a preguntar: "Señor, ¿qué pasó con lo que cuenta la historia sobre lo ocurrido el día de Pentecostés mientras los apóstoles oraban, para que las voces hubieran recorrido kilómetros?". El Señor me permitió experimentar también lo de ellos, vi que Pedro y sus compañeros sentían que sus pies no estaban en la tierra sino en la gloria exaltando al que vive por los siglos. La profecía de Joel en cuanto a que *"en los postreros días Dios derramaría de su Espíritu sobre toda carne y vuestros hijos e hijas profetizarían, vuestros jóvenes verán visiones y vuestros ancianos soñarán sueños"*, estaba comenzando a hacerse evidente, en aquel día. Al finalizar Pedro el mensaje invitó a los presentes a arrepentirse y bautizarse cada uno en el nombre de Jesús para el perdón de los pecados y así poder recibir la promesa del Espíritu Santo. En ese momento se convirtieron genuinamente tres mil personas que comenzaron a predicar el evangelio inmediatamente. Y miles se fueron añadiendo a la iglesia y ésta crecía por la unción del Espíritu.

¿Cuánto tiempo se necesita ahora para alcanzar diez mil personas? Me he encontrado con pastores que llevan más de treinta años pastoreando y sólo cuentan con cincuenta miembros; sin embargo, estoy seguro de que cuando hay avivamiento en sólo dos días se puede alcanzar esa meta con la unción del Señor. Pero en la época de Pedro no sólo se preciaba el crecimiento numérico sino que el Señor hacía milagros extraordinarios por medio de los apóstoles, tanto que algunos procuraban aprovechar cuando Pedro pasaba para que al menos su sombra les cubriera para recibir sanidad; sin embargo, no era la sombra de Pedro sino la unción que había en su vida por el poder del Espíritu Santo. Y la multiplicación fue dándose hasta un punto en que los creyentes ya no se podían contar.

Dios nos ha dado la unción para multiplicarnos y ésta es como un tesoro preciado que debemos guardar en una caja fuerte, y la mejor manera de hacerlo es llevando una vida disciplinada de oración, lectura de la Palabra, congregándose y trabajando siempre para la obra de Dios. Tenemos que cuidar la unción, las consecuencias de no hacerlo las vemos en la vida de Sansón. Él era nazareo, desde antes de haber nacido estaba consagrado a Dios y por tanto *"el Espíritu de Jehová vino sobre él"*. Sansón representa a ese hombre con la unción para la guerra espiritual y, al igual que en su tiempo, Dios está levantando actualmente una generación para entrar en la misma guerra y conquistar las naciones. En esta unción no se pelea contra carne y sangre, no se usan armas humanas, los creyentes entienden que el secreto de la guerra está en usar las armas de Dios para enfrentarse con principados, potestades, huestes espirituales, gobernadores de maldad y es el Señor quien dará la victoria sobre ellos. Sansón se levantó con esa unción y Dios se manifestaba a través de él. Sin embargo, se unió sentimentalmente a una mujer filistea, una mujer que no era de su pueblo y eso no formaba parte de los planes de Dios. Él tenía la unción, pero el propósito del Señor era que la usara para quebrantar los poderes demoníacos y liberar al pueblo de Israel de la opresión de los filisteos; pero Sansón no se quiso mover y Dios tuvo que apelar a aquella relación sentimental para que lo hiciera. Hay momentos en que el Señor tiene que recurrir a algo que a Él mismo le incomoda para mover a su gente; por ejemplo, cuando la iglesia estaba feliz en Jerusalén cantando coros y alabanzas, Dios quería que predicaran en las naciones, pero ninguno se movía, así que tuvo que propiciar una persecución de la iglesia para que se dispersaran por toda la tierra predicando. En el tiempo de Sansón, el pueblo venció en una ocasión al enemigo, pero en otra cayó al no haber cuidado la unción dando lugar a pequeñas indiscreciones en la vida. La Biblia dice: *"Las zorras pequeñas echan a perder las viñas"*. De igual forma las pequeñas indiscreciones, los pequeños pecados, destruyen la unción.

Usted tiene la unción y lo que la fortalece es la santidad. Sansón no la protegió, cayó en la trampa de Dalila y Dios ya no estaba con él. No obstante, el día de su muerte estaba apoyado en dos columnas y le dijo a Dios: *"Perdóname y devuélveme la fuerza y, aunque yo muera, que mueran todos estos filisteos también"*. Dios le devolvió las fuerzas y con ellas pudo derribar el templo y murieron miles de filisteos junto con él. Dios no quiere que sus hijos terminen así, Él anhela que mantengamos la unción para que el ejército enemigo caiga sin que tengamos que caer nosotros. Si así nos mantenemos, la unción dará también el crecimiento espiritual y la multiplicación numérica.

Cuando usted sienta la unción, no la suelte. El hombre de Dios debe rodearse de gente de Dios, gente de visión y entusiasmo sobre la cual esté el poder de Cristo, que sea de Dios y hable bendición para su nación. La experiencia de Elías con Eliseo es muy diciente en este caso. Elías representa el ministerio del tiempo postrero; Dios dijo que para el tiempo del fin enviaría una unción como la de este hombre de la antigüedad que es una unción de restauración con la cual se *"haría volver el corazón de los padres a los hijos y de los hijos a los padres"*. Algo característico en Elías es que siempre usaba la frase: *"Vive, Jehová, en cuya presencia estoy"*; por eso Eliseo nunca lo soltó y lo reconoció como su padre espiritual. Es tiempo de que usted reconozca el ministerio en el que está como un ministerio paternal, apostólico. Cuando Elías le dijo a Eliseo que le pidiera lo que quisiese, sencillamente respondió: "Quiero la unción que tú tienes, pero duplicada". Elías sabía que estaba acompañando a alguien sobre el cual reposaba el poder del Espíritu Santo. Si su anhelo es llegar a una gran dimensión de crecimiento, repito que éste sólo es posible por la unción del Espíritu y lo puede adquirir, rodeándose de gente de Dios.

Viendo el respaldo del Señor en el crecimiento de la iglesia, un día cualquiera llegó alguien de nuestro equipo preguntándome: "Pastor, ¿hasta dónde podemos crecer nosotros?". "¿Por qué me hace esa pregunta?", le dije, y me respondió: "Es que me da miedo superarlo"; lo animé diciéndole: "Tranquilo, si me supera, es porque la doble unción ya está en su vida, trabaje con libertad". No sufro de celos con mi liderazgo, si a mis colaboradores el Señor les da la doble unción, que sea para la gloria de Dios; lo importante es que en todo momento se mantengan en integridad y humildad.

3 ÉXITO A TRAVÉS DE LAS CÉLULAS

Sigo siendo sensible a la visión recibida en una playa de la costa norte colombiana, los granos de arena convirtiéndose en miles y miles de personas un número casi imposible de contar de acuerdo con la promesa del Señor y, hoy, viendo los ríos humanos que semana a semana hacen fila para congregarse en el Coliseo Cubierto el Campín de Bogotá, compruebo dos cosas que están permitiendo la consolidación del sueño: *la fidelidad de Dios respecto a su propia Palabra, y la eficiencia de la estrategia celular.* En definitiva, el éxito del crecimiento de la iglesia se debe a este modelo; no conozco algo más poderoso que esto, pues a través de las células ninguna vida se queda sin ser pastoreada, y cuando las personas son pastoreadas, la respuesta a la predicación del mensaje es masiva.

Generalmente, una iglesia de 200 personas es considerada una iglesia grande, y el trabajo pastoral se vuelve difícil corriendo el peligro de que la atención del pastor se concentre en veinte o treinta de esas personas haciendo que las demás queden relegadas a un segundo plano. De esta manera, la capacidad de reproducción se pierde totalmente. Pero a través de la labor celular este problema se elimina y todos los miembros de la congregación adquieren la importancia que merecen y reciben la oportunidad de desarrollar su potencial de liderazgo. Hay una relación directa entre los grupos celulares y los grupos de doce y ésta consiste en que en las reuniones de hogar una persona puede hacer méritos para lograr su proyección integrando un grupo de doce; quienes han podido escalar un peldaño dentro del ministerio es porque lo han ganado a través del trabajo celular, contribuyendo a la multiplicación.

Las células le ayudan a cada persona a entender el propósito de Dios para sus vidas.

Al igual que el modelo de los doce, ésta es una estrategia que tiene fundamento bíblico. En **Hechos** capítulo **10** nos encontramos con el nacimiento de la iglesia gentil con un acontecimiento distinto al de los 120 en el Aposento Alto. Todos sabemos que Jesús vino a los suyos (judíos), pero ellos no lo recibieron, y esto sirvió para que Dios abriera una puerta para la salvación del mundo. Cuando me preguntan ¿cuánto hace que nació la Misión Carismática Internacional? respondo a veces para extrañeza de muchos: "Hace unos dos mil años". Y es que nuestro modelo celular tuvo su verdadero origen en la casa de Cornelio. Dios permitió en su infinita misericordia que este gentil, hombre devoto que adoraba al Dios de los judíos, abriera su casa para que Pedro predicara en ella el evangelio. La historia dice que Cornelio vio a un ángel resplandeciente que se le apareció en un tiempo de adoración y le pidió que enviara a unos hombres para traer a Pedro; todo esto ocurrió mientras Pedro experimentaba un éxtasis a través del cual el Señor le revelaba que no debía negarse a ir a la casa del gentil porque no debía seguir llamando inmundo o abominable a lo que Él ya había limpiado. Cuando Pedro llegó a la casa de Cornelio, ya este gentil había reunido a todos sus familiares, amigos y vecinos cercanos, sobre los cuales fue derramado el Espíritu Santo tan pronto Pedro comenzó a predicar. En ese lugar comenzó la verdadera iglesia del Señor, en una célula de oración. Las bendiciones fueron recibidas no sólo por Cornelio, sino por toda su casa. Es evidente que el solo hecho de abrir las puertas de nuestra casa para que en ella el evangelio sea compartido, permite que se encienda un faro de luz que ilumina a todos los familiares trayendo salvación. Abrir una célula no sólo fortalece a cada persona espiritualmente, sino que le facilita crecer en el conocimiento de Dios.

La Misión Carismática Internacional ha crecido a un ritmo que impacta al mundo porque contamos con toda una infraestructura para desarrollar el trabajo celular. Llegué a la conclusión, después de conocer otros ministerios en distintos países, que el mejor método para que una iglesia crezca es a través de las células o reuniones de hogar. Dejamos a un lado todos los programas que absorbían la mayor parte de nuestro tiempo sin que dieran mayores resultados y establecimos en toda su extensión sólo uno: *el programa celular*.

Las células no son un programa de la iglesia, *son el programa de la iglesia*; todo cuanto se haga debe girar entorno a ellas. Nos dimos cuenta de que las células hacían de nuestra congregación una iglesia viviente con penetración en todas las esferas sociales. En cada rincón de la ciudad de Bogotá hay una célula de la Misión Carismática Internacional funcionando, mínimo una vez por semana bien sea en casas, oficinas, talleres, etcétera. Grupos de máximo doce personas se congregan, a cualquier hora hábil del día para estudiar la Palabra de Dios al tiempo que la visión es transmitida. En cada reunión del grupo se aplica la estrategia de la silla vacía que, a través del trabajo de invitación, será ocupada por una nueva persona. Cuando el grupo pasa de las doce personas, está listo para multiplicarse de la misma forma que se multiplica la célula biológica. Hay tres individuos con funciones específicas en el grupo: **el anfitrión**, que es quien abre su casa o su oficina para las reuniones; **el líder**, quien coordina el grupo y **el Timoteo**, asistente del líder y quien, al producirse la multiplicación, estará preparado para liderar la nueva célula. Este procedimiento ha garantizado ese crecimiento sin precedentes que ha trascendido al mundo entero.

El alcance de la visión de la iglesia ha sido posible por la estrategia celular. En nuestras reuniones dominicales se convierten entre quinientas y mil personas; pastorearlas como ellas requieren sería imposible si no existieran las células. En estos grupos de hogar que actualmente llamamos Grupos **CAFE** (Células de Adiestramiento Familiar y Evangelístico), el líder actúa como un pastor que enseña, aconseja y despeja las dudas del nuevo creyente ayudando al crecimiento de la iglesia sin que ésta sea afectada en nada.

Desde que esta estrategia se hizo luz en nuestras vidas, la multiplicación numérica no se hizo esperar, y hoy, quienes asisten a la Misión Carismática están vinculados también a una célula, pues sólo a partir del grupo podemos contarlos como miembros de la congregación.

Por donde quiera que se observe, la aplicación del sistema celular es todo un éxito, ya que a través del mismo la iglesia se convierte en un ente activo en el que los miembros dejan de ser espectadores. Imagínese usted a toda una iglesia trabajando para ganar almas. Antes era sólo el pastor el que se esforzaba, pero algo interesante que vale la pena anotar que la reproducción viene de las mismas ovejas; en una iglesia celular la labor del pastor se centra en predicar y motivar a las ovejas para que se multipliquen.

En combinación con el modelo de los doce, las células han sido la escuela de formación de los principales líderes que hoy están frente a ministerios destacados de la iglesia entre pastores y cabezas de grupos homogéneos. Las células nos han permitido transmitir la visión; por ello, aunque al tiempo de escribir este libro alusivo a nuestras experiencias ministeriales llevamos seis meses fuera de la iglesia, ésta ha continuado con su ritmo de crecimiento apuntando a sus metas. Sólo el sistema celular lo hace posible.

Nuestra primera célula fue en 1983, ocho personas reunidas en la sala de nuestra casa dando inicio a la Misión Carismática Internacional. Ahora nos disponemos a alcanzar las treinta mil. Hemos crecido tanto que ya no contamos personas en nuestra congregación, contamos células.

ENTENDIENDO EL 4
CONCEPTO DE LOS DOCE

1991 fue un año revolucionario para la visión. Las pautas para entrar en el proceso de la multiplicación sin precedentes fueron reveladas por Dios en ese entonces, aunque por algunas razones ya planteadas, tuvimos que implementarlas tiempo después. Cuando inicié la Misión Carismática Internacional lo hice porque tenía la Palabra específica del Señor para hacerlo. Algo importante que he aprendido del Espíritu es que las cosas primero se obtienen por revelación divina, y si estamos dispuestos a creerle a Dios, entonces Él mismo se encarga de entregárnoslas. Lo hemos visto así en todas las áreas de nuestra vida y, por consiguiente, en el avance del ministerio.

Después de que Dios me llevara a soñar con una iglesia muy grande, nuestra primera meta fue alcanzar doscientas personas en seis meses y, como lo hemos comentado anteriormente, creyéndole a Dios y haciendo nuestra parte, la alcanzamos en sólo tres. Recuerdo que teníamos problemas financieros en esa época y cuando estuve a punto de llegar con una actitud de queja ante el Señor por esa situación que no comprendía, Él mismo se encargó de impedir que lo hiciera, dándome una oración en lenguas en la que me dijo: *"Te bendeciré de tal modo que tú mismo quedarás asombrado Y me dirás: ¡Basta..! Ocúpate de mis cosas, que yo me encargaré de las tu-*

yas". Hasta el día de hoy en ese y otros aspectos, Él nos
ha dado la victoria, por cuanto nos hemos atrevido a creerle. Igual ha sucedido con el crecimiento de la iglesia. Dios
colocó primero en mi mente el concepto de una congregación numerosa, volví a creerle y comenzó a venir la multiplicación, a un ritmo de crecimiento nunca antes visto en
la historia de la iglesia cristiana en nuestro país. Sin embargo, comencé a pensar que las cosas debían ir más allá
de lo que estábamos alcanzando.

Durante los primeros siete años del ministerio traté de
implementar el modelo del pastor Cho que tantos resultados ha dado en Corea, preparando líderes en un Instituto
Bíblico por dos años, pero el crecimiento era demasiado
lento. Pedí la guía del Señor y Él prometió darme la capacidad de preparar el liderazgo en menos tiempo. Poco
después corrió un velo en mi mente dándome entendimiento en algunas áreas de las Escrituras y preguntándome: "¿Cuántas personas entrenó Jesús?". Empezó de esta
manera a mostrarme el modelo revolucionario de la multiplicación a través de los doce. Jesús no escogió once ni
trece, sino doce. Y si a Jesús le funcionó, ¿por qué a ti no?
El texto bíblico relacionado con la selección de los doce
discípulos se hizo luz en mi mente y comprendí que, aunque a Jesús lo seguían multitudes, Él centró su atención
en sus doce. Decidí hacer lo mismo, transmitir la visión a
doce personas y que éstas la compartieran con otras doce
y de esta forma se fueran multiplicando. Cuando iba a
dar el paso, el Señor me dijo: "¡*Todavía no es el tiempo!*".
Una cosa es la visión y otra el tiempo para desarrollarla.
La iglesia tiene que estar preparada para implementar los
cambios que sean necesarios. Aunque nuestra iglesia ya
estaba familiarizada con el lenguaje de las células, cuando

Dios me indicó que todavía no era el momento, me dio también la razón, la cual compartimos en el capítulo titulado: **Removiendo la piedra**.

Al superar la etapa de las piedras en el camino, entonces el Señor me dijo: *"Ahora sí es el tiempo, enséñale a la iglesia el modelo de los doce"*. Empecé a orar para tener la confirmación de quiénes eran las personas que calificaban para formar parte de mi equipo de doce y, poco a poco, realicé invitaciones a almorzar o desayunar, y a otros momentos de acercamiento fui seleccionándolos uno por uno. Recuerdo que les decía: "Dios me ha dado esta visión, tengo esta proyección y Dios ha inquietado mi corazón para escogerlo, usted es muy importante, tendrá tantas personas a su cargo y dirigirá tantas células". Para todos ellos era algo emocionante y además un privilegio tener la oportunidad de formar parte del equipo del pastor y, observando la perspectiva, no hubo uno que dijera no. Pasamos a un período clave que fue el tiempo de preparación de los doce. Escogí un día entero para reunirme con ellos cada semana. Estas reuniones siguen actualmente todos los lunes; obviamente, el equipo ha crecido pues se encuentran los doce pastores de la ciudad y las cabezas de ministerio. Originalmente, tratando de adaptar el modelo del pastor Cho, habíamos dividido la ciudad en zonas geográficas, pero el Señor me indicó la importancia de los grupos homogéneos (ministerios): el hombre dedicándose a los hombres, los jóvenes a los jóvenes y las mujeres a las mujeres. Vino entonces la explosión de crecimiento, todo a través de los doce.

Jesús ganó doce hombres en los que reprodujo su carácter y quienes serían sus representantes en el mundo entero. Si Él no hubiera hecho esto, la historia de la vida de Cristo no la conoceríamos nosotros. Los doce discípulos de Jesús estaban tan comprometidos con la visión que hicieron que ésta corriera: la predicaron, la escribieron y la desarrollaron en todas las formas. Nosotros estamos haciendo lo mismo. Me reúno con mis doce y el equipo pastoral cada semana y tratamos de tener un tiempo de compañerismo, es decir, hacemos lo mismo que hacía Jesús; a Él siempre lo han mostrado como alguien serio y sumamente estricto, pero la Biblia dice que fue ungido con óleo de gozo más que sus compañeros y por ello siempre tenía alegría en su corazón. En el tiempo de comunión con nuestros líderes nos reímos, hay alegría y en medio de esto el Señor puede mostrarme la necesidad que alguno de ellos está viviendo y nos disponemos inmediatamente para orar; ministro liberación y rompemos cadenas para que el liderazgo se mantenga en pureza y santidad. Tenemos tiempo compartido de mucha oración y tratamos de cubrirnos la espalda unos con los otros. Nunca permitimos que se hable mal de otro líder y tranquilamente nuestro liderazgo obra de la misma manera en que yo lo hago. En cada reunión los líderes también reciben los detalles de la visión; compartimos lo que el Señor nos ha mostrado, hablamos de las metas, les motivamos y esto hace que todos experimenten el mismo sentir con la seguridad de que cada propósito se puede lograr.

Algo que hemos establecido con nuestros doce y todo el liderazgo es que sean personas de oración y mucho estudio de la Palabra. La Biblia dice que los doce de Jesús buscaron personas que hicieran el trabajo actuando como diáconos para ellos dedicarse a la oración y al estudio bíblico. Ésta debe ser la ocupación básica del pastor y sus líderes. Satanás ha engañado a muchos pastores enredándolos en múltiples ocupaciones, de tal modo que hasta la hora que deben destinar para orar la tienen programada. Es en el tiempo de oración cuando recibimos el carácter de Cristo y la unción del Espíritu Santo. Si usted, amable lector, está pensando ahora en sus posibilidades de multiplicación y medita en la selección de sus doce, recuerde que ellos deben ser personas de oración, de continua comunión con el Espíritu de Dios, dependientes de la Palabra, íntegros y preocupados por su santidad. Sólo con estas características estará seguro de su permanencia a su lado para siempre y nunca sentirá temor de que lo traicionen; defenderán su nombre y, para usar una frase muy popular, "no estarán interesados en correrle la silla", porque algo importante es que quien está a nuestro lado no debe tener sed de poder, si cada uno busca su reinado, difícilmente se hará la obra de Dios.

Para alguien que está en el proceso de conseguir sus doce, le sugerimos seleccionar primero tres personas y que éstas se encarguen de contactar a otras tres hasta formar una célula de doce, luego que cada uno se dedique a dar fruto abriendo una célula y dentro de todo este grupo que ha ido formándose se determina quiénes pueden ser los doce principales. Alguien se escoge como un doce cuando ya esté dando fruto, porque si se hace la selección por simpatía, por amistad, puede ser que ese buen amigo jamás se multiplique y así nunca obtendremos el objetivo. Quien no se reproduce está afectando la posibilidad de conversión de miles de vidas. Todos tienen la posibilidad de entrar en el proceso, incluso aquellos que llegan a la iglesia con muchas ataduras pero si no se les da la oportunidad, si no son liberados de sus cadenas en un retiro espiritual, y si no se capacitan, su proyección de multiplicación será limitada. Contamos con cientos de testimonios de personas que llegaron a la congregación en condiciones lamentables y hoy son líderes de quinientas, setescientas o mil células. Al que cree todo le es posible.

Todos podemos lograrlo. El concepto de los doce es claro en las Escrituras. El número doce siempre aparece en la Biblia como símbolo de plenitud administrativa y de autoridad espiritual, de excelencia en cuanto a la organización del pueblo. Dios estableció doce patriarcas para dar inicio a su pueblo **(Génesis 35:22,26)**; doce eran las piedras en el pectoral del sacerdote para representar al pueblo **(Éxodo 28:29)**; con doce personas Jesús alimentó a las multitudes **(Marcos 6:35,44)** y con ellos estableció su reino en la tierra. El proceder de los doce se ve claramente en el Antiguo Testamento simbolizado con los panes de la proposición **(Números 4)**: se hacían dos hileras de seis panes cada una. Una de las hileras estaba relacionada con la ministración a Dios y la otra tenía que ver con la ministración a las necesidades de la gente. Los doce tienen que hacer lo mismo, tener un tiempo con Dios para que Él trate directamente con su vida y otro tiempo en el proceso para relacionarse con las personas. Es decir, los doce no son grupos místicos envueltos en una nube de gloria sin importarles lo que pase en la tierra.

No veo otro modelo que pueda ser más efectivo que éste para una multiplicación en todas las áreas de la iglesia. A Jesús le funcionó. A la Misión Carismática Internacional le viene funcionando desde 1994, año en que quedó implementado totalmente, y a usted también le puede funcionar si da el paso en fe.

TRANSFORMADOS PARA TRANSFORMAR 5

Algo que hemos tenido muy en claro desde el inicio de nuestro ministerio es que el Señor nos llamó para cumplir la Gran Comisión dándonos estrategias para desarrollar un proceso en el que la multiplicación se notara desde todo punto de vista. Dios transformó nuestras vidas para que a su vez pudiéramos estar en capacidad de transformar a otros. Escudriñando el contenido del mandato de Jesús a sus discípulos en **(Mateo 28:19,20)**:

> *"Por tanto, id, y haced discípulos a todas las naciones, bautizándolos en el nombre del Padre, y del Hijo, y del Espíritu Santo; enseñándoles que guarden todas las cosas que os he mandado; y he aquí yo estoy con vosotros todos los días, hasta el fin del mundo. Amén".*

Encontramos que hay varias etapas del proceso. No se trata únicamente de ganar las almas, también hay que formarlas para que puedan ser parte de la multiplicación. El llamado del Señor es para alcanzar las naciones y esto no será posible a menos que cada nuevo creyente sea capacitado para regar la semilla. Cuando entendimos este desafío en toda su extensión, el Señor nos dirigió a definir los pasos esenciales para que el mismo se hiciera posible.

Mucho se ha predicado acerca de la Gran Comisión pero limitándola al anuncio del evangelio; no obstante, el mandato implica el alcance de tres propósitos: **anunciar**, **consolidar** o edificar y **enviar**.

Estuve en Argentina, nación que en los últimos años se ha dado a conocer en el mundo por un "gran avivamiento", y cuando recorríamos las iglesias con mi esposa nos preguntábamos: "¿Dónde está el avivamiento del que tanto nos han hablado?". Veíamos los templos muy pequeños y prácticamente vacíos. Recuerdo que Carlos Anacondia, ese conocido argentino y hombre de Dios, se me acercó en una oportunidad para comentarme que a través de sus cruzadas calculaba haber alcanzado a más de dos millones de personas durante una década, pero que no sabía dónde estaban. En una ocasión necesitó cinco mil ujieres para la coordinación de un importante evento de su ministerio y no los encontró.

Varios pastores de ese país, al conocerme y saber la manera como el Señor nos ha bendecido con multiplicación numérica en la Misión Carismática, se reunieron conmigo manifestando su necesidad de "retener el fruto". "No sabemos cómo hacerlo. Las personas llegan a nuestras congregaciones, ¡pero la mayoría se van por la puerta de atrás!".

Comprendí que ese era su problema, el mismo de cientos de congregaciones en todo el mundo. No podemos negar que Dios les ha dado a los argentinos la unción

especial para el evangelismo, pero eso consiste en centra-
mos en sólo la primera parte de la Gran Comisión.

Una iglesia que sólo se limite a anunciar el evangelio
para ganar almas y no se preocupa por la conservación
del fruto, está actuando como la madre que considera que
su trabajo es ver a los hijos nacer y luego los desampara.

Evangelizar y no cuidar el fruto es una obra incomple-
ta; debemos centrar nuestra atención en ganar almas, pero
también en edificarlas. Nosotros vivimos las mismas experiencias, recién comenzado el ministerio ganábamos y
ganábamos multitudes de una forma sin precedentes en
Colombia, pero muchos de ellos no se quedaban en la
iglesia. En varias oportunidades me encontré con algunos
de los convertidos en distintos lugares y me decían: "Pastor, yo conocí del Señor en la Misión, pero estoy asistiendo a tal iglesia". Yo decía: "¡Amén, gloria a Dios, esta alma
no se perdió, se está edificando!". Pero llegó el día en que
Dios me llamó la atención diciéndome: "*Estás equivocado, a esa alma yo la traje a tu iglesia, si hubiera querido
mandarla a otra iglesia lo hubiera hecho. La envié a ti
para que cuides de ella y espero que me respondas*".

Esto me estremeció, pues experimenté que el Señor
estaba demandando de nosotros mayor responsabilidad
con cada vida, con cada nuevo creyente. Fue cuando
decidí fortalecer el sistema celular, entendí que por el
problema de las distancias que impera en las grandes ciudades, la manera más fácil de estar pendiente de cada
nuevo discípulo era a través de una reunión de hogar.
Dios nos ha ayudado en gran manera; cuando iniciamos
el trabajo celular leíamos los libros del pastor Cho y tratá-

bamos de ponerlos en práctica, pero notábamos que el crecimiento era muy lento, no fue fácil; después de siete años de intenso trabajo, solamente habíamos alcanzado setenta células. Tuve que doblar rodillas y pedir orientación del Señor: "Padre, dame el método, tú sabes que hemos tratado de avanzar aplicando el modelo del hermano de Corea, pero algo nos hace falta, me parece estar frente a una barrera que no sé cómo superar, ¡por favor ayúdame!". Dios escuchó mi oración y un día me dijo: "*Te daré la capacidad de entrenar a tu gente rápidamente*". Ahí estaba el secreto: entrenar a cada persona en forma rápida. Hasta ese momento había cometido un error: la capacitación era algo opcional, preguntaba a la gente si quería capacitarse y a duras penas alcanzaba a conformar un grupito de treinta o cuarenta interesados. Pero el Señor me aclaró que la capacitación no era opcional. "*El que se compromete conmigo también lo hace con mi doctrina*", me reafirmó el Señor. Así que a partir de ese momento no volví a preguntarle a la gente si quería capacitarse o no, la planteamos como un requisito indispensable luego de la conversión.

Seguimos desarrollando el Instituto Bíblico estableciendo la capacitación como una prioridad, pero notamos que esa capacitación era demasiado avanzada: teología bíblica y sistemática, homilética, hermenéutica, escatología, sectas, etcétera, algo que exigía a los hermanos estar un mínimo de dos años preparándose para poder multiplicarse y el objetivo no se cumplía; comenzábamos con grupos hasta de ochenta personas y casi todos desertaban. Sólo ocho o diez llegaban a culminar los cursos y cuando éstos se disponían a abrir sus células ya habían perdido todos los contactos, no tenían a quién ganar. Dios siguió siendo fiel y nos reveló lo de la capacitación rápida con un programa piloto que llamamos *Escuela de líderes* dando un entrenamiento ágil en el que se combina la preparación bíblica con la práctica sin tomar temas muy profundos, compartiendo lo fundamental: doctrina básica y la visión de la iglesia. Un programa de seis meses al cabo de los cuales el estudiante debe estar preparado para abrir células. Los resultados no se hicieron esperar; unos meses después de comenzar a poner en práctica ese programa piloto, me reuní con cuatro personas, tres de ellas se capacitaban en la Escuela de líderes mientras la otra continuaba en el Instituto Bíblico. Al entrevistarlas, el Señor me permitió corroborar la eficiencia del método, dos de las personas, jovencitas estudiantes de medicina, dirigían 90 y 45 células respectivamente; otra de las personas era estudiante de odontología y dirigía ya 25 células; el que seguía en el Instituto Bíblico era un empleado que sólo tenía 3 células; este balance fue suficiente para acabar con el Instituto Bíblico en forma definitiva porque lo que no contribuye a la visión debe hacerse a un lado. Decidí fortalecer la Escuela de líderes y el crecimiento sin precedentes tomó su curso. Con este programa, desde que una persona se convierte no nos toma más de seis meses prepararla para que comience a dar fruto.

Cuando una persona acepta a Jesús la llevamos a un salón, le hablamos de cinco reglas de oro en la vida cristiana, la consolidamos mostrándole nuestro interés en su vida y comprometiéndola firmemente con el Señor, la enviamos a un encuentro o retiro espiritual de tres días y la citamos para una capacitación. En este proceso, la consolidación, que es la etapa siguiente a la conversión, contribuye a la conservación del fruto. Anunciar el evangelio es una parte importante en la que predicamos y motivamos para que la gente se convierta, pero la consolidación es trascendental para que cada alma ganada continúe en la iglesia preparándose hasta que comience a dar fruto por sí sola. Toda iglesia que aspire a experimentar crecimiento y multiplicación sólidos, debe tener un ministerio de consolidación.

Dios usa el toque del Espíritu Santo para atraer las multitudes, pero si no hay un ejército detrás de ellas para edificarlas y formarlas, entonces el fruto se va a perder y el Señor pedirá cuentas de esas almas. Si se quiere avivamiento, éste llegará, pero hay que estar listos para retener el fruto del mismo.

CUESTIÓN 6
DE CARÁCTER

Está comprobado. Más del cincuenta por ciento de los líderes que no han podido cumplir eficazmente el llamado de Dios e, incluso, han caído permitiendo algunas indiscreciones en su vida, deben todas estas situaciones anómalas a debilidades en su carácter. Alguien comentó que el éxito de una persona está fundamentado en la conjugación de varios aspectos de su personalidad: **emociones, nivel de afectividad, firmeza espiritual, equilibrio sentimental**. En pocas palabras, el carácter lo define todo. El Señor me permitió conocer desde los albores del ministerio la importancia del fortalecimiento de mi carácter para poder emprender la tarea que venía. Miro atrás para observar el camino recorrido y los logros hasta ahora alcanzados y siento la seguridad de que nada de eso formaría parte de la realidad sin que mi carácter pasara por el proceso de preparación a fin de que el fruto del Espíritu Santo y el carácter de Cristo, necesarios para esta obra, reposaran en mi vida.

Hemos visto que al sanar las heridas que han quedado en nuestras vidas por una que otra circunstancia de tipo emocional o afectivo, se rompen las ataduras que impiden el crecimiento de una persona y, en especial, del liderazgo. Lo que más he notado donde quiera que voy a ministrar es que hay un gran vacío de afecto; en todos los países e iglesias que visito noto a cientos de personas, incluso a pastores ya vinculados y comprometidos con el trabajo en la obra de Dios, limitadas por una debilidad de carácter causada por la falta de afectividad que experimentaron en tiempos pasados y cuyas raíces permanecen en sus corazones o que aún siguen experimentando pero que ocultan delante de su iglesia por temor a perder su autoridad; mientras esto exista, la visión no llega, y si llega, tardará en desarrollarse hasta que se logre el carácter ideal para responder ante Dios por ella.

En casi todos los países del mundo la afectividad ha perdido su valor y por ello los padres se han limitado a ser figuras decorativas que sólo cumplen su responsabilidad material y dejan a un lado la verdadera labor que Dios demanda de ellos con sus hijos. Las heridas más profundas que se anidan en el corazón del ser humano son las causadas por el rechazo y éstas afectan el resto de la vida, a menos que se presente una intervención divina.

Hace un tiempo estaba en casa orando por un sobrino de mi esposa y el Señor me mostraba en él un profundo vacío emocional por falta del amor de su padre, y durante la ministración Dios le decía: "*Hijo, sé que muchas veces buscaste a tu padre para que se alegrara de tus triunfos, pero él nunca estaba ni le importaba lo que sucediera contigo. Pero quiero decirte que, aun cuando él no estaba, yo sí me alegraba de tus éxitos*". El muchacho no hacía más que llorar. Y Dios hace cosas increíbles porque mientras yo oraba por él en los Estados Unidos, en Colombia estaba su padre asistiendo por primera vez a uno de los encuentros de tres días que acostumbramos a hacer, así que el Señor estaba sanándolos a los dos a un tiempo, fortaleciendo el carácter de ambos.

Siempre que toco el tema de la sanidad interior recuerdo el testimonio de un joven que llegó a mi oficina para compartirme su dolorosa experiencia. Cuando su madre quedó embarazada de él, no estaba casada, el padre le propuso matrimonio y empezaron a comprar todas las cosas para la boda: anillo de matrimonio, vestido, alcoba, etcétera, pero el día pactado para la ceremonia este hombre se casó, pero con otra y todo lo que había comprado no era para la madre del joven. Lógicamente esta mujer quedó destrozada, pasando dificultades que se aumentaron cuando el muchacho nació, teniendo también él que sufrir las presiones de la vida; pero todo no quedó allí. Me comenta el joven que cuando tenía siete años de edad, llegaron unos maleantes a su colegio y uno de ellos se aprovechó sexualmente de él. Desde ese día comenzó a odiar tanto a su padre que juró buscarlo y matarlo cuando creciera, pues lo veía como culpable de su desdicha. La herida causada en su corazón fue tan profunda que día tras día, aunque luchaba por manifestar lo contrario, una voz lo acosaba gritándole: "Eres un homosexual". Este joven creció y se dedicó a planear cómo matar a su padre; cuando estaba a punto de hacerlo se encontró con uno de los jóvenes de la iglesia. Éste, se le acercó, le habló de Jesucristo y lo invitó a una de nuestras reuniones juveniles; esa tarde recibió a Jesús en su corazón y fue salvo pero, aunque empezó a caminar en la vida cristiana, aún había odio en su corazón y voces de condenación en su mente. Sólo después de veintiún días de ayuno que se propuso hacer, pues no deseaba seguir con aquella pesadilla, el Señor le dio la victoria en cuanto a las voces de acusación, pero algo continuaba sembrado en relación con su padre; Dios lo inquietó a buscarlo para pedirle perdón por lo que planeaba hacer y perdonarlo a él por su abandono. Los lazos de odio se rompieron.

Muchas veces se llega al ministerio lleno de heridas. Ronda el falso concepto de que cualquier miembro de la iglesia puede llorar, pero el pastor no. ¿Quién le ministra al pastor? El ministerio tiene cargas y presiones y las reuniones con las autoridades espirituales se limitan a la organización de actividades y a la definición de algunos negocios. El pastor necesita estar preparado para los desafíos ministeriales y también estar pendiente de las necesidades espirituales de su congregación porque al Señor le importan más las vidas que cualquier otra cosa. La Biblia dice que Jehová se le apareció a Abram y le dijo: "...*Yo soy el Dios Todopoderoso; anda delante de mí y sé perfecto. Y pondré mi pacto entre mí y ti, y te multiplicaré en gran manera. Entonces Abram se postró sobre su rostro, y Dios habló con él, diciendo: He aquí mi pacto es contigo, y serás padre de muchedumbre de gentes*" (**Génesis 17:1,4**). Aquí Dios se le está revelando a un hombre pagano, que adoraba ídolos y reverenciaba imágenes, de un modo en que nunca se le había revelado a ningún otro. El original en hebreo destaca que el Señor le dijo: "*Yo soy El Shadai*", palabra que significa "pecho", es decir, Dios le estaba diciendo: "*Yo soy el que da pecho, el que amamanta, el que nutre, el que vigoriza*".

Aunque Abram contaba con 99 años de edad, en ese entonces, tenía heridas que no habían sido tratadas ni confrontadas, el Señor vio que de esa manera no le podía servir y se le presentó no sólo como padre sino también como madre. Sólo después de entrar en el proceso de sanidad de sus heridas, Abram estuvo listo para ser "padre de muchedumbre de gentes".

Existen líderes y pastores ansiosos de alcanzar un ministerio de amplias proporciones, pero las heridas del alma están ahí y si se anhela servir fiel y productivamente al Señor, esas heridas tienen que ser sanadas. Para poder ministrar a otros, primero tiene que ser ministrado usted. El carácter del hombre de Dios se va formando al entrar en la sanidad interior, se superan los vacíos de manera efectiva, buscando el fruto del Espíritu, y permitiendo que el carácter de Cristo se reproduzca en su vida.

Dios busca que lleguemos a la perfección. *"Anda delante de mí y sé perfecto"*, le dijo a Abraham. La disciplina en oración y el estudio de la Palabra estructuran el carácter del líder. La relación con Dios para aquel que quiere ser prosperado, tiene que dejar de ser superficial. Todos tenemos que pasar por pruebas y adversidades, pero las mismas se enfrentan o bien permitiendo rencores y resentimientos o bien superándolas con sujeción a la Palabra para que el carácter siga siendo fortalecido. En la vida ministerial pueden encontrarse muchos enemigos e, incluso, experimentar traición, pero depende de nuestro carácter la actitud frente a ellos; también hay dos opciones frente a esto: *quedarnos amargados u obrar como lo hizo Cristo, perdonando.* Cuando se perdona se rompen cadenas, el ministerio crece. No viene fácil, pero el carácter de Cristo llega a nosotros cuando permitimos el proceso en cada una de nuestras vidas. Luchamos en nuestra iglesia para que esto se dé en cada líder, por ello todos están haciendo parte importante en la multiplicación y los frutos no se hacen esperar.

7 IMPLEMENTANDO LOS ENCUENTROS

Tuve la oportunidad de compartirlo en otro de mis libros: "La vida del ser humano depende de un encuentro y el que se tiene con Jesús constituye la experiencia más gloriosa que se puede alcanzar". La palabra **encuentro** forma parte del lenguaje de nuestra visión no sólo por el comentario que acabo de hacer, sino porque con ella denominamos a los retiros espirituales que permiten a cada nuevo creyente experimentar una cercanía más genuina con el Señor y sentir la influencia del poder del Espíritu Santo en el proceso de liberación y sanidad interior que cada quien necesita para desarrollar una vida cristiana productiva.

La decisión de reconocer el sacrificio de Cristo en la cruz del Calvario por nuestros pecados y aceptarle como Salvador y Señor, es el paso determinante que conduce al nuevo nacimiento. Sin embargo, son muchos los argumentos que el enemigo ha venido colocando en la mente y en el corazón de cada persona antes de que ello suceda y está comprobado que espíritus demoníacos controlan las vidas impidiéndoles desarrollarse como cristianos auténticos. Cuando comprobamos esto, el Señor colocó en nuestro corazón la necesidad de llevar a cada nuevo creyente a un encuentro más directo con Él y desde las primeras experiencias entendimos que no solamente las personas eran totalmente renovadas, sino que su potencial de liderazgo se hacía visible recibiendo más autoridad para multiplicarse. Cuando un creyente no da el fruto que Dios espera, aunque tiene todas las posibilidades en el ambiente para hacerlo, es síntoma de que alguna fuerza adversa puede estar operando en su interior y es un obstáculo para su crecimiento. Las heridas causadas por el rechazo en la niñez, haber vivido experiencias traumáticas en la adolescencia, situaciones relacionadas con su vida pecaminosa en el pasado, la influencia ejercida por prácticas de ocultismo, noviazgos y relaciones familiares conflictivas, maldiciones proferidas por los padres o personas con cierto nivel de autoridad sobre ellas, entre otras, constituyen ataduras que deben ser reprendidas y cortadas de cada vida.

Los encuentros son retiros de tres días durante los cuales el nuevo creyente comprende la dimensión exacta del signficado del *arrepentimiento,* recibe sanidad interior, es liberado de cualquier maldición que haya imperado en su vida y se le capacita como un guerrero espiritual con la ministración de la llenura del Espíritu Santo. Antes de poner en práctica este proceso, nos limitábamos a conducir a los recién convertidos al bautismo en agua y luchábamos para lograr que recibiera el bautismo en el Espíritu Santo. Pensábamos que era lo más extraordinario, que contábamos con lo más avanzado para que la gente hablara en lenguas; pero Dios me enseñó algo:

"Y estas señales seguirán a los que creen:
En mi nombre echarán fuera demonios; ha-
blarán nuevas lenguas..." (**Marcos 16:17**).

El orden original no es casual; para que la gente hable en lenguas con libertad, primero hay que romper maldiciones que existan en ellos y echar afuera toda posesión demoníaca en el nombre de Jesús y eso es precisamente lo que se hace en los encuentros.

Hemos comprobado que un encuentro equivale a todo un año de asistencia fiel a la iglesia, de ahí que centremos nuestras fuerzas implementando esos retiros espirituales. Semanalmente están realizándose estos eventos con la coordinación de los distintos ministerios. Hay ocasiones en que se reúne un promedio de diez encuentros, dando la impresión de que tuviéramos una empresa de excursiones. Salen jóvenes, profesionales, mujeres a diferentes fincas en las afueras de la ciudad, todos a cumplir los mismos propósitos que, a su vez, contribuyen al fortalecimiento ministerial.

El apóstol Pablo en el capítulo **6** de su carta a los **Efesios**, habla enfáticamente de la guerra espiritual que todos estamos llamados a librar, diciendo:

"Por lo demás, hermanos míos, fortaleceos en el Señor, y en el poder de su fuerza. Vestíos de toda la armadura de Dios, para que podáis estar firmes contra las asechanzas del diablo. Porque no tenemos lucha contra sangre y carne, sino contra principados, contra potestades, contra los gobernadores de las tinieblas de este siglo, contra huestes espirituales de maldad en las regiones celestes" (**Efesios 6:10,12**).

El problema de muchas organizaciones es que reconocen esta guerra como algo que le compete a la iglesia en general, pero dejan a un lado que también se trata de un conflicto individual, porque las fuerzas opositoras están atacando de una manera diversa a cada vida. La *sanidad interior y la liberación* constituyen etapas por las que todo cristiano comprometido debe pasar porque la tarea que tenemos que cumplir es como participar en una importante carrera atlética y, nadie sensato, envía a un atleta con los pies llagados a la competencia. Las heridas de nuestra gente deben ser curadas para que ellos, a su vez, puedan convertirse en instrumentos en las manos de Dios para sanar a otros.

Los testimonios de personas que han tenido una experiencia de liberación durante un encuentro se cuentan por miles, pero hay uno que en estos momentos viene a mi mente y que constituye una muestra del mover especial del Señor en las vidas durante esos días. Regresábamos de un encuentro de varones cuando uno de ellos se levantó, miró a su hijo adolescente y le dijo con lágrimas en sus ojos: "Hijo siempre hemos escuchado acerca del hijo pródigo, pero hoy quiero pedirte perdón reconociendo que he sido el padre pródigo. No te he dado ni el afecto, ni el amor, ni el cuidado que te mereces". La imagen de los dos se fundió en un sincero abrazo de reconciliación y aún permanece latente.

El rechazo, que ha podido presentarse durante la concepción, en la niñez o en la adolescencia, es el tema de mayor tratamiento durante los encuentros, pero el vivir las experiencias de Jesús en Getsemaní y en la cruz, en un retiro, lleva a la persona a ser sana de todas las heridas emocionales producidas por este fenómeno; recibir libertad del oprobio, de la humillación, la inseguridad y el temor; entender la obra perfecta de Jesús en la cruz, cortar todas las maldiciones que vienen por descendencia y comprender con exactitud ¿quién es Dios? Recibir su paternidad como fiel y amoroso restaurador es una experiencia maravillosa.

Los encuentros han sido pieza fundamental en el proceso de crecimiento y desarrollo de la visión de la iglesia. A partir de su renovación interior en los retiros espirituales, las personas han llegado preparadas para emprender con autoridad la tarea evangelizadora y ejecutar un liderazgo definido.

Después de haber alcanzado los logros propuestos para su encuentro con Jesús, usted estará en capacidad de continuar soñando y ganará el mundo en las áreas que se proponga.

LA BENDICIÓN TRIUNFA SOBRE LA MALDICIÓN 8

Hemos comparado el llamado, la visión y las promesas que Dios nos dio con el mismo proceder que tuvo con Abraham. Una de las cosas que me llama altamente la atención es ver que el Señor le promete a Abraham bendiciones en todo sentido incluso le dice: *"...y serán benditas en ti todas las familias de la tierra..."*. De igual forma, consideramos que no sólo nosotros seríamos bendecidos, sino que también miles y miles de familias lo lograrían por el actuar de Dios a través de nuestras vidas. Sin embargo, tuvimos que experimentar que no había posibilidad de alcanzar esta promesa sin antes reconocer la influencia de maldiciones sobre nuestras vidas o las de nuestros familiares y disponernos a quebrantarlas mediante un proceso de liberación. Nadie quisiera ni imaginar que algo llamado **maldición** ronde su vida, pero es una rotunda realidad a la que hay que hacerle frente si queremos que prosperen nuestras vidas, nuestras familias y el ministerio.

Claudia y yo éramos los únicos cristianos en nuestras familias. Teníamos seis años de casados y yo nueve de ministerio cuando nos dimos cuenta de que algo podría estar frenando la llegada de los familiares a los pies de Cristo, pero no percibíamos con claridad que eran la religiosidad y el escepticismo característicos en ellos. En la familia de mi esposa casi todo giraba en torno al licor; en cuanto a la mía, uno de mis hermanos estaba enviciado en la droga, sólo para poner un par de referencias. En cuanto al hogar que habíamos decidido formar, existía la armonía y comprensión, pero los problemas financieros eran agudos, vivíamos a raya; incluso había días en que Claudia tenía que recurrir a una alcancía para obtener lo de su transporte para ir a la universidad; no teníamos libertad en este aspecto y no era exactamente lo que Dios quería, pues su Palabra dice otra cosa; en lo referente a la iglesia que pastoreábamos, no veíamos el progreso. Sin lugar a dudas había un obstáculo que impedía que vinieran las bendiciones a nuestras vidas en forma integral. Un día, Claudia y yo oramos al Señor diciéndole: "Tú has dicho que el que está en Cristo nueva criatura es, las cosas viejas pasaron y ahora todas son hechas nuevas; ¿por qué vivimos esta situación?". El Señor vio en nosotros el deseo de ser transformados, de aclarar por qué las bendiciones prometidas aún no eran una realidad en toda su extensión, teníamos una especie de ceguera en relación con algunos aspectos espirituales.

Dios había querido desde un principio bendecir a nuestros familiares trayéndolos a sus pies y darnos mucha prosperidad, pero había gigantes que tenían que ser derribados primero. En una ocasión, una hermana que era usada en liberación invitó a mi esposa a su casa y allí le manifestó su deseo de orar por ella. Al imponer sus manos, Claudia cayó al piso y se inció un proceso de liberación de su familia, especialmente de su padre; Claudia recuerda que con sus propias palabras pronunciaba los nombres de los espíritus que estaban gobernando a sus familiares. Nunca habíamos experimentado algo así a lo largo de la vida cristiana; por supuesto, mi esposa no entendía con claridad lo que pasaba, pero estaba pasando, la liberación empezaba a concretarse. Cuando ella me compartió esta experiencia, estuvimos de acuerdo en que debíamos intensificar la oración por nuestras familias, y el Señor fue mostrándonos poco a poco todos los principados que impedían el crecimiento y la prosperidad; no sólo era el problema del alcoholismo y las drogas, sino que en el pasado hubo separaciones y divorcios, mucha idolatría, comprendimos que los problemas financieros se derivaban de que algunos de nuestros abuelos no habían llevado vidas rectas; en la medida en que observábamos la atadura la quebrantábamos. Dios ha sido fiel y por ello ahora vemos a nuestras familias rendidas a sus pies y entregadas a servirle. En el área financiera nos propusimos derribar el gigante de la escasez. Ahora llevamos trece años viviendo en prosperidad. Estas experiencias nos han permitido conocer principios de liberación que compartimos con nuestros líderes y con toda la congregación para que la bendición se extienda a ellos.

Un ministerio sólo se multiplicará hasta cuando las maldiciones que atan a cada uno de sus miembros sean cortadas. Desde que comprendimos la importancia de cortar maldiciones en las vidas de todos aquellos que van siendo ganados en la obra, se implementó la liberación en los encuentros y en reuniones especiales cada semana. La bendición triunfa sobre la maldición en la medida en que captemos las promesas del Señor; actuemos de acuerdo con su Palabra y entremos a quebrantar todo gigante opositor.

La maldición es el castigo pronunciado por Dios como consecuencia del pecado. La bendición es toda buena dádiva y todo don perfecto que desciende de parte de Dios. El pecado o la obediencia al Señor son semillas que echarán raíces, crecerán y formarán un árbol de vida o de muerte. La Biblia dice que *"todo lo que el hombre sembrare eso también segará"*. En la medida en que se ha fallado, Satanás esgrime un acta de decretos con argumentos que expone ante Dios para que Él no nos bendiga y de esta manera el enemigo alcanza su objetivo de arruinar las vidas con escasez, enfermedades, calamidades, accidentes, vicios, etcétera. A nuestra congregación llegan día tras día nuevos creyentes atados por argumentos del pasado que pudieron provenir por palabras desatadas contra ellos por parte de sus propios padres, familiares, allegados o personas influyentes en sus vidas. De igual forma hemos encontrado jóvenes y adultos en los que las maldiciones de sus antepasados se han reproducido en ellos. Y somos plenamente conscientes de que ninguno de ellos dará fruto mientras dichas ataduras reposen en su vida. Uno de los primeros pasos para que un nuevo creyente se multiplique y sea de bendición para la obra, para él mismo y para su familia es que sea libre de toda maldición.

Para todos aquellos que son escépticos a la liberación, la Biblia es clara en cuanto a los resultados de la obediencia (bendiciones), o desobediencia a Dios (maldiciones). En **Deuteronomio** capítulo **28** encontramos las dos caras de la moneda. Existen doce posibles causas de maldición: idolatría, desobediencia a los padres, inmoralidad sexual, injusticias con los débiles (aborto), el antisemitismo (odio a los judíos o racismo en general), confiar en sí mismo, robar o perjurar, predicar falsas doctrinas, palabras proferidas por autoridades, las autoconferidas, provenientes de siervos de Satanás, y hacer pactos contrarios a los principios bíblicos.

Pero hay forma de pasar de la maldición a la bendición. Dios ha prometido para nosotros una tierra que fluye leche y miel.

> *"Cristo nos redimió de la maldición de la ley, hecho por nosotros maldición (porque está escrito: Maldito todo el que es colgado en un madero), para que en Cristo Jesús la bendición de Abraham alcanzase a los gentiles, a fin de que por fe recibiésemos la promesa del Espíritu"* **(Gálatas 3:13,14)**.

La maldición vino sobre Jesús para que la bendición fuera dada a nosotros.

Tenemos a miles de personas con testimonios de su liberación. Un proceso de cortar maldiciones que en nuestra congregación practicamos es estableciendo una base bíblica bien clara **(1 Juan 3:8)**, haciendo que cada persona influenciada por maldiciones confiese su fe en Jesucristo; llevándolos a la confesión de cualquier pecado oculto **(Proverbios 28:13)**; indicando y practicando la importancia del perdón **(Mateo 18:35)**; sugiriendo el deshacerse de cualquier objeto malo que posea y que esté relacionado con la causa de la maldición, invitando al creyente a andar en obediencia y, lo que es más importante, motivando a la persona a llevar la maldición a la cruz del Calvario y renunciando a ella en el nombre de Jesús.

De esta manera, todos nuestros líderes y cada miembro de la congregación ha sido conducido al mismo estado de libertad y prosperidad que Dios nos ha concedido como pastores: familias integradas y ministerios multiplicados, sanidad física y espiritual así como progreso financiero forman parte del lenguaje de nuestra iglesia. La tierra de las promesas no la miramos de lejos, la pisamos porque los gigantes son quebrantados y derribados. Y todo esto ocurre en un proceso; primero, el Señor muestra las maldiciones en la parte individual, en la vida familiar y luego nos guía a observar y cortar las ataduras de la nación. Con ayunos congregacionales por espacio de cinco años, nuestra iglesia se comprometió a quebrantar toda maldición que impidiera el derramar de bendiciones sobre Colombia y Dios ha venido usando nuestras vidas para verlo convertido en realidad; hace veinte años las iglesias eran pequeñas, enmarcadas en la religiosidad y el legalismo, hoy el avivamiento está tomándose a la nación entera.

CONSTRUYENDO MUROS 9
DE PROTECCIÓN

Dios es celoso con su obra y el hombre de Dios debe ser celoso con la visión que ha recibido. No me imagino nuestro progreso en el ministerio de no haber sido porque un día sentí claramente la voz del Señor diciéndome: *"Cuida la visión"*. ¿Recuerdan la historia de la piedra en el camino? Aunque ya lo había entendido antes, sólo entré en la dimensión de proteger urgentemente la visión después de esa experiencia. Toda visión divina está en el blanco del enemigo para destruirla. La intención de Satanás es no permitir que la obra de Dios sea realizada, impedir que la visión se convierta en realidad. Mirando un poco en la historia del ministerio, los logros alcanzados, coincidimos con mi esposa en que nada de ello existiría en estos momentos si los muros de protección no hubieran sido construidos en torno a la visión.

Siempre que comparto acerca de esto, la pregunta que salta en el ambiente es: ¿de qué cosas y cómo se debe proteger la visión? La experiencia me permite mostrar que el trabajo se resume en la construcción de cuatro muros de protección: uno alrededor de nuestras vidas, otro de la familia, uno más en derredor de la iglesia y el cuarto en torno a la nación. También por la misma experiencia creo que ese es el orden preciso.

La construcción de muros de protección es un principio bíblico. En las Sagradas Escrituras encontramos varios ejemplos en relación con ellos. Las ciudades antiguas estaban rodeadas de muros para su defensa militar; Jericó, por ejemplo, era una ciudad amurallada, contaba con dobles muros de ladrillo dentro de los cuales había viviendas construidas. Cuando Jerusalén fue sitiada por el ejército de Nabucodonosor, el enemigo no pudo entrar mientras se conservaron las murallas, pero tan pronto algunos hombres de guerra abrieron una brecha para huir, fueron apresados y la ciudad fue tomada e incendiada y el pueblo llevado a cautiverio. Los muros son necesarios para proteger la visión de todos aquellos enemigos espirituales que pretendan impedir su desarrollo. Hemos tenido que enfrentar muchos de esos enemigos a lo largo de nuestros años de ministerio, pero se han tenido que estrellar contra los muros. Como les decía, primero debemos construir un muro alrededor de nuestras vidas. El proverbista dice que:

"Como ciudad derribada y sin muro es el hombre cuyo espíritu no tiene rienda" (**Proverbios 25:28**).

Doy gracias al Señor por haber comprendido desde el momento de la conversión que Él puso límites cuando fuimos creados y que teníamos que vivir de acuerdo con su voluntad y no conforme con nuestros deseos. Dios da una visión a todo aquel que persevera en sus preceptos. Él mira corazones, y cuando el pecado entra en el corazón del hombre, éste se aparta de Dios y pasa a convertirse en esclavo de pasiones desordenadas. Si nuestra vida está desprotegida, no tendremos dominio propio, y como líderes perdemos toda la condición de emprender la obra de Dios. El salmista expresó:

> *"Bienaventurado el hombre a quien Dios no culpa de iniquidad, y en cuyo espíritu no hay engaño"* (**Salmos 32**:2).

La iniquidad frena el crecimiento. Dios, como ya lo hemos comentado, busca hombres dispuestos a quebrarse, a ser moldeados para poder hacer su obra. Y cuando se ha fallado, hay oportunidades para volver a la santidad a través del genuino arrepentimiento; una vez que se ha experimentado el perdón de Dios y nos sentimos en paz con Él, notaremos que en derredor nuestro se levanta una muralla que nos protege, sólo así, mientras se desarrolla la visión, observarnos que "caen a un lado mil y diez mil al otro, pero no llegan a nosotros". Dios dice:

> *"...porque el que os toca, estará tocando la niña de mis ojos"* (**Zacarías 2**:8).

El estudio de la Biblia y la comunión íntima con el Señor son fundamentales en la construcción del muro alrededor de nuestras vidas. Descuidar el estudio de la Palabra es abrir una brecha por la que el enemigo entrará y nos hará cometer muchos errores. La oración constante que nos lleve a la intimidad con el Señor fortalecerá la protección, pues la Escritura dice:

> *"Tú guardarás en completa paz a aquel cuyo pensamiento en ti persevera; porque en ti ha confiado"* (**Isaías 26**:3).

Al recibir la Palabra profética relacionada con nuestro ministerio, Dios habló también en forma específica respecto a nuestras familias prometiendo que las veríamos formando parte de su obra, pero entendimos que podríamos ver esa promesa hecha realidad si construíamos un muro alrededor de ellas. Si el enemigo intenta atacarnos personalmente como ministros y no encuentra ninguna brecha abierta pues la muralla se lo impide, entonces intentará hacerlo a través de la familia. En nuestro caso, aunque recibimos innumerables ataques de Satanás usando a la familia en un principio, nunca dejamos de creer en la Palabra de Dios, la tomamos como nuestra y entramos en la lucha espiritual por cada uno de ellos, buscando su protección. Lo que ya he comentado acerca de la familia de mi esposa y la mía, constituye un ejemplo práctico, demasiado fuerte, de lo que significa construir un muro en derredor de nuestros familiares. La familia está dentro del plan de Dios. En el Antiguo Testamento vemos que el Señor, antes de enviar la última plaga de mortandad al pueblo egipcio, por intermedio de Moisés mandó que todos los hebreos estuvieran reunidos por familias en sus casas, sacrificaran un cordero y pusieran la sangre en los postes y dinteles de las casas, de manera que cuando pasara el ángel destructor y viera esta sangre, pasara derecho. Esa sangre se convirtió en un muro de protección contra todo mal. Actualmente gozamos de la sangre protectora de Jesucristo, el Cordero de Dios, y aunque nuestros familiares no conozcan del Señor, es nuestro deber orar por ellos y colocarlos bajo el pacto de la sangre de Cristo.

El crecimiento de la Misión Carismática Internacional es algo admirado en el mundo entero, pero también ha sido envidiado por muchos detractores que, actuando en representación de Satanás, han intentado detenerlo porque, en derredor de la iglesia misma hay otro muro construido. Líderes protegidos, con familias protegidas, contribuirán a la protección de toda la congregación. En **1 Timoteo 3:15** dice que la iglesia es columna y baluarte de la verdad. La iglesia, para nosotros, es un organismo viviente en donde todos los miembros son indispensables, se necesitan entre sí. El salmista dice :

> *"Mirad cuán bueno y cuán delicioso es habitar los hermanos juntos en armonía!... Porque allí envía Jehová bendición y vida eterna"* **(Salmos 133:1,3)**.

Dios da una protección especial a una iglesia unida, no por intereses personales, sino por el sentir de amor, compañerismo y santidad. Cuando existe un amor fuerte por la congregación local, somos movidos a orar constantemente por el pastor y todos los miembros de dicha congregación y en esta labor las células cumplen un papel importante.

Al darnos cuenta de que la oración es la clave para desatar el poder de Dios, aunque ya nos estábamos caracterizando como una iglesia intercesora, el Señor puso en mi corazón intensificar los períodos de oración de la iglesia, así que iniciamos servicios de intercesión todos los días desde las cinco hasta las nueve de la mañana. Esto podría sonar como una locura para muchos, conociendo la baja temperatura de Bogotá en ese período del día, pero desde el primer momento vimos la fidelidad del Señor a través de la respuesta masiva de los hermanos. Hoy día, esos servicios son una institución y ellos han sido claves para fortalecer el muro en derredor de la iglesia. Donde hay un pueblo de rodillas, Satanás no podrá acercarse.

En una madrugada de 1989, experimentando un insomnio nunca antes visto en ella, mi esposa fue inquietada por el Señor a sufrir un dolor especial por nuestra nación que, por ese tiempo, pasaba una de sus etapas más difíciles. El testimonio ya ella lo ha compartido, pero yo traduzco todo eso ahora como la necesidad colocada de parte de Dios, de construir un muro alrededor de Colombia. Vimos en ese entonces que nuestro país estaba, como Jerusalén en la época de Nehemías; desierta, sus puertas consumidas por el fuego del pecado y enlutadas por la ola de violencia. Fue cuando mi esposa me dijo prácticamente: "Edifiquemos muro en derredor del país y no estemos más en oprobio". Nos preguntamos: "¿Quién más, fuera de la iglesia, puede construir ese muro?". Nadie. A veces se comete el error de lanzar quejas contra el gobierno, pero la culpa no es de ellos, es nuestra. Si la iglesia estuviese cumpliendo integralmente la Gran Comisión, el panorama sería diferente. Decidimos hacer nuestra parte.

Convocamos a la iglesia a pedir perdón a Dios en una jornada de ayuno y oración, asumiendo como personales los pecados de la nación; luego vino el paso político y el progreso de Colombia no se ha hecho esperar. La protección del Señor es real en nuestro país y hemos sido escogidos como la tierra desde la cual se genera el más grande avivamiento de los últimos tiempos. Desde que entendimos que la iglesia tiene el deber de construir un muro alrededor de la nación, clamando ardientemente por ella, atando todos los poderes demoníacos que la venían controlando, hemos visto que el Señor ha venido "...aplastando en breve a Satanás bajo nuestros pies". La oración eficaz de los justos es la muralla más poderosa que puede tener una nación.

En el proceso de levantar los muros enfrentaremos ataques con los que el enemigo intentará frenar la construcción: la burla, la ira de algunos hermanos desalentados, la codicia, la dureza del corazón de otros. De todo esto hemos tenido nosotros, pero hemos seguido adelante confiando plenamente en el Señor, y antes que amilanarnos, nos animamos, pues hemos aprendido que detrás de cada prueba viene la gran bendición. Cuando las cosas no marchan muy bien es porque algo está fallando, pero cuando hay ataques, es señal de que avanzamos.

10 EL EXPERTO

El médico de la familia, el doctor Antonio Alvarado, es un amigo personal al que admiro por la precisión en cada uno de sus diagnósticos. Gracias a dicha cualidad se han podido combatir las distintas enfermedades con resultados favorables. Parece que este hombre posee un talento especial que lo saca de lo común y lo hace diferente aun de sus mismos colegas; pero detrás de este talento hay esfuerzo, sacrificio, análisis y mucha investigación. Si le llega un caso al que no le encuentra una explicación inmediata, entonces lo lleva consigo y no descansa hasta encontrar una respuesta correcta; intenta por uno y otro lado, pero no se da por vencido. Soy testigo de muchos casos indescriptibles que han sido solucionados exitosamente, y lo que más me sorprende, repito, es la precisión con que expresa cada uno de sus diagnósticos. Puedo decir que este hombre, que se preparó toda la vida para ello, es un experto.

¡Cuánto deseamos en el día de hoy líderes que no recurran a la habilidad de las palabras para salir adelante, sino que se conviertan en expertos de aquello para lo que fueron llamados! El experto es alguien que domina perfectamente su campo. Pablo, refiriéndose a los que comunican el evangelio, dice que deben ser diestros en el uso de la Palabra, así como el soldado lo es con su arma. El maestro por excelencia es el Señor Jesucristo, Él dijo a sus discípulos: *"Vosotros me llamáis Maestro, y Señor; y decís bien, porque lo soy"*.

Creo que lo que más he estudiado en la Biblia es la vida del Señor Jesucristo, me he compenetrado tanto en ella que hasta he intentado reconstruir cada uno de los hechos en mi imaginación, y entre más la estudio, más me fascino, pues no veo en Él ningún rastro de misticismo ni que se saliera de lo normal con actitudes estrafalarias; por el contrario, me impresiona el manejo de su lenguaje sencillo y su compenetración con las necesidades del pueblo; ni se fastidiaba ni se incomodaba con nadie, por eso aceptaba invitaciones de los pecadores como una gran oportunidad para sanar sus heridas y salvar sus almas; usó diferentes ilustraciones y parábolas para enseñar verdades eternas.

Jesús dedicó su vida a sanar a los enfermos, consolar a los sufrientes, alimentar a los hambrientos, liberar a los atormentados por espíritus inmundos, y a abrir sus brazos para redimir a la humanidad. En el desarrollo de su ministerio, Jesús fue todo un experto, y quien quiera que desee continuar su obra en la tierra, debe esforzarse no sólo por conocerle profundamente, sino por hacer lo que Él mandó y lo que Él haría. Antes de la ascensión de Jesús al cielo, prometió que un experto quedaría en medio de nosotros y es el Espíritu de verdad, al que el mundo no puede recibir porque no le ve ni le conoce, pero los que hemos creído en el Señor, le conocemos porque mora dentro de nosotros. Cuando Jesús partió, el Espíritu Santo quedó como el experto.

Hay un lastre que llevamos en nuestra cultura y que nos ha afectado por siglos: empezamos muchas cosas con gran entusiasmo y son muy pocas las que terminamos. Los ejemplos sobran. Hay muchos que comienzan una carrera y al segundo semestre dicen: yo creo que debo cambiar de disciplina; otros ingresan en una empresa y al poco tiempo desisten sin madurar en el ejercicio de su oficio; si observamos en el plano deportivo, el listado de ejemplos sería interminable. Es un problema de cultura que todos debemos quebrantar en el nombre de Jesús de Nazaret. Algo que he aprendido del campo de la construcción y que me ha servido altamente en la vida es que para poder construir un gran edificio se debe cavar muy hondo de acuerdo con los pisos que se van a levantar.

Como el gran constructor, Dios quiere trabajar en cada uno de nosotros; sin embargo, hay personas que sólo quieren llevar un cristianismo muy superficial, o sea aquel que les permita acudir al Señor cuando estén en problemas, que no implique mayor compromiso. Son aquellos que dicen: "Yo asisto, ofrendo, participo de la alabanza, pero sin comprometerme en nada". Quienes piensan de esta manera jamás tendrán profundidad. Pero quien desee ser un verdadero líder, *un experto* en las cosas de Dios, debe pemitir que el Señor cave en él profundamente, y cuando esto sucede, duele, porque Él tiene que sacar cosas que hay dentro de nuestras vidas y representan un obstáculo para poder desarrollar su obra.

Nadie podrá llegar a ser un experto en la obra de Dios, si antes no es moldeado por el mismo Señor y por el poder del Espíritu Santo. Hay un texto en **Jeremías 18:1,6** que me llama poderosamente la atención:

"Palabra de Jehová que vino a Jeremías, diciendo: Levántate y vete a casa del alfarero, y allí te haré oír mis palabras. Y descendí a casa del alfarero, y he aquí que él trabajaba sobre la rueda. Y la vasija de barro que él hacía se echó a perder en su mano; y volvió y la hizo otra vasija, según le pareció mejor hacerla. Entonces vino a mí palabra de Jehová, diciendo: ¿No podré yo hacer de vosotros como este alfarero, oh casa de Israel? Dice Jehová. He aquí, que como el barro en la mano del alfarero, así sois vosotros en mi mano, oh casa de Israel".

En el proceso de llegar a ser un experto como el Señor espera de cada uno de nosotros, Él es el alfarero y nosotros el barro para moldear. ¿Está usted dispuesto a ser barro en las manos de Dios? Cuando tomamos la decisión de servir al Señor, vienen las pruebas, las luchas y las dificultades y es cuando el diablo aprovecha para decirnos: "¿Si ves? Tu Dios te falló". Pero Él no nos ha fallado, es que está dándonos forma; está tratando nuestra autosuficiencia y todo aquello que ante sus ojos es abominación.

Un verdadero experto en la vida cristiana es alguien que ha muerto a sí mismo y ha dejado que la vida de Cristo se reproduzca a través de él. David empezó a ser procesado por Dios desde temprana edad. Cuando niño, su padre lo rechazó, era el más insignificante de la casa y lo mandó a cuidar ovejas; pero allí, mientras pastoreaba esas ovejas, Dios estaba formando su carácter y por tanto el Señor sabía que este hombre sería un experto para guiar al pueblo de Israel. Otro ejemplo lo vemos en la vida de Moisés, quien tenía un carácter violento que lo impulsó a matar a un egipcio de un golpe y el Señor lo moldeó en el desierto durante cuarenta años. Pablo, perseguidor del cristianismo, escuchó la voz de Dios diciéndole: *"Dura cosa te es dar coces contra el aguijón, y vas a saber lo que es sufrir por causa de mi nombre"* (**Hechos 9:5,16**), y fue moldeado en medio de luchas y dificultades.

Jacob también pasó por una experiencia similar que sólo pudo entender cuando había pasado la mejor parte de su vida; hubo un momento en que dijo: *"Vi a Dios cara a cara y fue liberada mi alma"* (**Génesis 32:30b**).

Dios quiere moldearnos como el alfarero moldea el barro en su mano, quitar toda impureza, todo estorbo en la vida para que el carácter de Cristo sea reproducido dentro de nosotros; cuando la vasija está lista en sus manos, Dios permite que el Espíritu Santo y Jesús sean los que controlen nuestra vida. Pablo dice que la meta que tenemos como cristianos es alcanzar la estatura de la plenitud de Cristo, y este gran experto no hizo nada por sí mismo, todo lo hizo en obediencia al Padre y en la guianza del Espíritu Santo; por eso dijo: *"El Espíritu de Jehová, el Señor está sobre mí, porque me ungió Jehová"*. Él estaba plenamente seguro de que la unción le acompañaba, tan seguro como un experto.

Tengo la visión de que cada individuo vinculado a la Misión Carismática Internacional se convierta en un experto; una persona quebrantada y llena del Espíritu Santo, que domine muy bien su ministerio. Por ejemplo, si su ministerio es consolidar, que sea el mejor consolidador; si es maestro, que sea el mejor maestro; si ministra en la parte musical, que sea el mejor músico.

Usted también puede llegar a ser un experto en lo que haga si propone en su corazón apartar la mediocridad de su vida. Dios no quiere mediocres en su casa porque todo mediocre es un fracasado. Él quiere gente dispuesta a morir diciendo:

"Todo lo puedo en Cristo que me fortalece"
(Filipenses 4:13).

11 DEPENDIENDO DEL ESPÍRITU SANTO

Desde que conocimos a "**El Experto**", comprendimos que ninguna de las tareas emprendidas serían alcanzadas sin su intervención en nuestras vidas. El alcance de la visión no hubiera sido posible en fuerzas humanas, *"no es con espada, ni con ejército, sino con mi Espíritu"*, ha dicho el Señor. Aplicando el modelo de los doce, el trabajo ha sido efectivo por la descentralización de la tarea, pero por encima de todo ha estado la dependencia incondicional al Espíritu Santo. No obstante, antes de entender a plenitud este principio, aunque reconocíamos la importancia del Espíritu como motor de la obra, no era Él quien tenía la prioridad.

En 1994, el trabajo realizado por la Misión Carismática Internacional alcanzaba proporciones de impacto mundial y, junto con mi esposa, habíamos comenzado a visitar otras naciones a las que éramos invitados continuamente para compartir acerca de la visión y enseñar las estrategias a otros líderes igualmente visionarios. Cualquiera que nos escuchaba y veía el crecimiento de la iglesia, podía considerar fácilmente que el Espíritu Santo lo controlaba todo, y a lo mejor entendía que el Señor no descuida su obra; pero ¿era el Espíritu Santo, el prioritario? ¿En cuál posición lo teníamos?

Una de mis tantas noches en el lugar secreto, entrando en un período especial de oración, sentí decir: "Espíritu Santo, desde hoy renuncio al pastorado; desde ahora en adelante quiero que seas el pastor de la iglesia y yo me convertiré en tu colaborador". Creí estar haciendo la oración del siglo cuando escuché la voz del Espíritu diciéndome: "*¿Y por qué tardaste tanto para decidirlo? Porque hasta ahora tú eras el pastor y yo tu colaborador. Tú me decías Espíritu Santo, bendice a esta persona y a esta otra, bendice lo que voy a predicar, bendice a la iglesia, y yo tenía que hacerlo. Pero si has decidido que yo sea el pastor, ni te imaginas lo que sucederá contigo y con la iglesia de ahora en adelante*". A partir de ese momento entendí que estaba equivocado y que el verdadero pastor de la iglesia tenía que ser el Espíritu Santo, y que sólo me movería de acuerdo con sus indicaciones en el orden de los servicios, los temas para predicar, la alabanza, y en general toda ministración sería de acuerdo con su dirección. Ese fin de semana teníamos reunión con el grupo juvenil y cuando anuncié que renunciaba al pastorado, obviamente todos se quedaron absortos hasta que dije quién sería el nuevo pastor y estallaron en una fiesta de gozo y aclamación al verdadero líder de la obra. Evidencié ese día lo que comienza a suceder cuando dejamos que el Espíritu de Dios actúe como pastor principal de la iglesia.

El Espíritu Santo ha sido la persona más ignorada en la iglesia de los últimos siglos, existiendo una terrible escasez de conocimiento y comprensión de su papel entre los cristianos.

No puedo hablar del avivamiento sin considerar el papel del Espíritu Santo en el proceso para que éste se pro-

duzca. Avivamiento es el despertar de algo dormido. Antes de la venida de Cristo, la gente no conocía la existencia del Espíritu Santo, pues sólo llegaba a un grupo de
personas como reyes, sacerdotes, profetas, patriarcas y
siervos y otras cuantas vidas sentían su presencia parcial-
mente. Sin embargo, puedo decir que nadie fue cristiano
sin la ayuda del Espíritu de Dios, lo que quedó demostra-
do en el ministerio del Señor Jesucristo. En la Misión Carismática Internacional hemos comprobado que sólo el
Espíritu Santo convierte lo ordinario en extraordinario, lo
necio en sabio, lo débil en fuerte, y que es la principal
ayuda del creyente y para la Iglesia . No puede existir una
sola persona que no lo necesite y es imperdonable pecar
contra Él. El mismo Señor dijo: *"No tiene jamás perdón,
ni en este siglo ni en el venidero, quien blasfeme contra el
Espíritu Santo"*. Sin embargo, el mundo pretende moverse sin reconocerlo. Muchas veces somos indiferentes con
Él y lo dejamos pasar en forma inadvertida. Creo que de
una u otra manera, todos hemos caído en este error a
veces sin darnos cuenta.

Tocando el tema de la indiferencia al Espíritu Santo, la
manera como el Señor le habló a mi esposa al respecto
fue conmovedora. Utilizando una situación de carácter es-
trictamente personal respecto a nuestra relación como
esposos, Dios le mostró a Claudia lo que Él sentía cuando
en la iglesia, su Espíritu no era tenido en cuenta como
prioridad. Ocurrió en enero de 1997, durante la II Convención Anual de la Misión Carismática Internacional en
la ciudad de Bogotá. Días antes por una circunstancia que
no puedo precisar ahora y que suscitó desacuerdos entre
Claudia y yo, y nos llevó a asumir actitudes de indiferencia, situación que en nuestra vida matrimonial jamás ha-

bíamos experimentado. Sé que esto sorprende a quienes desde hace años nos han conocido como pareja que refleja mutua comprensión y entendimiento sin importar las situaciones en que nos encontremos; sin embargo, aunque por poco tiempo, sucedió y, ahora, lo entendemos así, ocurrió porque a través de este hecho el Señor y, más específicamente, el Espíritu Santo, quería darnos una enseñanza tanto a nosotros como a toda la iglesia.

Para el evento en mención habíamos invitado, entre otros ministros internacionales, a Charles Martin, un hombre usado por Dios a través de la interpretación magistral del saxo. La unción de este hombre es tal, que la presencia del Espíritu Santo en su vida y en su ministerio musical, se hace evidente al compás de cada nota melódica. Milagros y prodigios suceden mientras Charles toca el saxo. Como el tercer día de la convención, mi esposa y yo llegamos a la congregación para cumplir los compromisos del evento, subí a la plataforma y ella decidió quedarse entre el auditorio; la leve indiferencia entre nosotros continuaba sin que ninguno de los dos mostrara disposición en "dar su brazo a torcer" aunque internamente sabíamos que la situación nos afectaba profundamente. En el transcurso de aquella reunión invité a Charles a ministrar y, como de costumbre siempre que lo hacía, el Espíritu Santo inundó el recinto tan pronto las notas comenzaron a sonar. Seguí en la plataforma mientras esto sucedía, meditando en el tema que predicaría más adelante, pero sin dejar de pensar en lo que venía sucediendo con mi esposa. Ella permanecía en el auditorio, sentía algo que sería de impacto al compartirlo, más tarde ante todos los presentes, al compás de la melodía, el Espíritu Santo la quebrantó diciéndole:

"*¿Sientes dolor en tu corazón por la indiferencia de tu esposo en los últimos días, verdad? He dejado que esta circunstancia transcurra para mostrarles que de la misma manera me siento yo cuando la iglesia es indiferente a mi presencia*". Quebrantada, Claudia recibió el mensaje directamente y se dirigió decidida a la plataforma tan pronto Charles finalizó su intervención. Conmovida, compartió lo que venía sucediendo entre nosotros y la manera como el Espíritu Santo había acabado de hablarle. Fueron instantes emotivos en que la misma unción propició nuestra reconciliación y llevó a la iglesia a un nuevo estado de consagración espiritual. Esta experiencia se mantiene indeleble en nuestro corazón como señal de que nuestra dependencia del Espíritu Santo ha de ser absoluta.

Ahora, más que nunca, en toda labor que emprende la Misión Carismática, reconocemos en todo tiempo la obra del Espíritu Santo. Él es el mismo Dios y siente cuando alguien peca, se entristece cuando un creyente sufre, sufre con él; cuando alguien se aparta de Dios, Él se retira de esa persona. Si usted anhela comenzar un ministerio de avivamiento y lograr el éxito en su vida, recuerde que esto sólo será posible dependiendo totalmente del Espíritu Santo. Antes de actuar considere en cada instante su respaldo, su fuerza, sus milagros, su operación en sanidades, su Pentecostés y su llenura total. Si en nuestras vidas y en la iglesia ha sido posible, en su vida también lo será. Prepárese para que así ocurra.

ARMAS 12
DE GUERRA

Tan pronto decidimos responder al llamado de Dios diciendo, como Isaías, *"heme aquí envíame a mí"*, estamos dando paso para entrar en guerra espiritual. Por más que se insista en intentarlo, ningún ministerio progresará desconociendo que al trabajar en y para la obra del Señor estamos desafiando las fuerzas del enemigo que mantienen en opresión a nuestra gente. El apóstol Pablo lo advirtió:

> *"...no tenemos lucha contra sangre y carne, sino contra principados, contra potestades, contra los gobernadores de las tinieblas de este siglo, contra huestes espirituales de maldad en las regiones celestes* (**Efesios 6:12**).

Pretender ignorar esta gran verdad en nuestros días no hará que las fuerzas de las tinieblas dejen de existir. Lo único que nos permitirá contrarrestarlas y hacerlas desaparecer es entrar en la pelea usando la armadura que Dios nos ha dado para ello.

Al darnos una visión como la nuestra, el Señor nos envió a un campo de batalla minado por la influencia de demonios, pero nos equipó como los más poderosos guerreros.

Antes de hablar acerca de las armas de guerra con las que contamos y que han permitido el progreso de nuestra iglesia desafiando los poderes opositores al crecimiento, quiero compartir un par de experiencias que sucedieron recién comenzada la vida cristiana y también el ministerio.

Como muchos líderes y pastores en este tiempo, le había dicho al Señor: "Te pido de todo corazón que yo no tenga nada que ver con demonios". Creo que esa es de las pocas oraciones a las que no le encontré respuesta y gracias a ello, la iglesia que estamos pastoreando no elude su responsabilidad de guerrera para liberar a los perdidos. Llevaba poco más de un año de haber conocido al Señor y de estar compartiendo como predicador en diferentes iglesias cuando un día caminando como a las once de la noche por una calle solitaria al lado de un amigo, luego de haber participado en una ministración en la que experimentamos la gloria de Dios, vimos a un hombre ataviado con gabardina y sombrero encocado que llevaba las manos en los bolsillos, andando como encogido; al acercarnos, tuvimos una sensación extraña; mi amigo comenzó a sentir que la mente se le bloqueaba y su lengua se le ponía pesada. Luego de lograr pasar a aquel hombre, mi compañero se quedó espantado por lo que observó, no sé exactamente qué fue, sin embargo, percibí que estábamos frente a una persona poseída por demonios, sólo atiné a decir: "Señor Jesús, cúbreme con tu sangre" pues vino a mi mente el texto:

"Y ellos le han vencido por medio de la sangre del Cordero..." (Apocalipsis12:11).

Al pronunciar esas palabras, un rayo de luz me cubrió y me llené de autoridad sobrenatural, me hice junto al hombre y vi en sus ojos la presencia del mismo Satanás. Comencé a reprenderlo con toda autoridad espiritual y con la confesión de la Palabra. Caminamos a la par de aquel hombre por más de cincuenta metros y él seguía incólumne, mirándonos una y otra vez con su expresión diabólica; por momentos creía debilitarme. Sin embargo clamaba ayuda de parte del Señor y Él me daba fuerzas para seguir reprendiendo. Logramos llegar hasta la casa del individuo y comprendimos a través de sus familiares que, efectivamente, existía en él la plenitud del diablo. Nuestra batalla se prolongó hasta las tres de la mañana, pero Dios nos dio la victoria. Los días subsiguientes el temor de que algo similar volviera a acontecerme se apoderó de mí, pues había sido una experiencia impresionante. Con mayor razón le pedí al Señor que no tuviera que ver con demonios en el ministerio, pero el propósito de Dios era otro, pues sólo enfrentando ese tipo de situaciones pude conocer los secretos de la guerra espiritual.

Otra experiencia que viene a mi memoria se relaciona con una joven en la que Dios nos mostró un espíritu de lesbianismo que la dominaba. No estaba familiarizado con el área de la liberación y el operar de demonios en ese entonces. Me encontraba enseñando en un culto de oración cuando aquella mujer se levantó transfigurada y se acercó hasta el púlpito para pegarme; en esa ocasión no salí corriendo sino que le dije con autoridad: *"¡El Señor te reprenda!*". La mujer cayó al piso y los demonios comenzaron a hablarme. Recordé el pasaje en que el Señor le preguntó al demonio cómo se llamaba, así que procedí de igual modo: "*¡En el nombre de Jesús, dime cómo te llamas!*". Para mi sorpresa comenzó a responder: me llamo Marta, María, Nidia.

Digo que para mi sorpresa pues hasta ese momento imaginaba que todos los demonios se llamaban Beelzebú o Satanás. Pero eso no fue obstáculo para proseguir con la liberación diciéndole: "*¡No me importa cómo te llames!, ¡te vas en el nombre de Jesús!*".

El demonio manifestó que se iría por poco tiempo y efectivamente permanecimos en la lucha por la liberación por espacio de seis meses cuando habiendo intentado todo lo que la Biblia indica sin lograr la victoria le clamé al Señor: "Padre, he hecho todo lo que me corresponde, por favor, dame una palabra de ciencia que me permita entender lo que sucede con esta mujer".

Vino la revelación divina: cuando tenía tres años de edad un primo se había aprovechado de ella sexualmente, otra persona repitió lo mismo a los siete años y a los once su propio padre la usó en un acto de exhibicionismo, razones por las cuales llegó a odiar a los hombres permitiendo la entrada de espíritus de lesbianismo en su cuerpo. Justo poco antes de ingresar en la iglesia estaba a punto de irse a vivir con una lesbiana. El Señor me mostró que había una herida sin cerrar. Me encontré entonces haciendo una oración que nunca había practicado, orando por ella desde que estaba en el vientre de la madre porque la Biblia dice:

*"Dios nos escogió desde antes de la funda-
ción del mundo"* (**Efesios** 1:4).

No hay duda de que como cristianos estamos en el
plano de una guerra espiritual que sólo puede librar la
iglesia que está comprometida no sólo en ganar las almas,
sanar sus heridas, y en liberarlas de toda opresión demoníaca. En nuestra iglesia hemos comprendido con exactitud la importancia de la guerra espiritual y a lo largo de
todos estos años de desarrollo de la visión la liberación
del nuevo creyente, de cada vida, incluso del mismo liderazgo, ha sido parte fundamental para el desarrollo y la
multiplicación. La guerra espiritual es un "ministerio sólido" en la Misión Carismática Internacional, con reuniones semanales e, incluso, seminarios especializados en los
que capacitamos a toda la congregación para que esté
altamente preparada a cumplir su papel en esa guerra.
Cientos de pastores y líderes en el mundo continúan dis-
cutiendo acerca de la existencia o no de demonios en los
cristianos y mientras se ocupan de esto, el diablo está
haciendo su trabajo, minando a la iglesia y frenando su
crecimiento. Pablo insiste en:

> *"Pues aunque andamos en la carne, no
> militamos según la carne; porque las armas
> de nuestra milicia no son carnales, sino po-
> derosas en Dios para la destrucción de
> fortalezas, derribando argumentos y toda
> altivez que se levanta contra el conocimien-
> to de Dios, y llevando cautivo todo pensa-
> miento a la obediencia a Cristo"*
> (**2 Corintios** 10:3,5).

Aquí está haciendo referencia a las fortalezas que el enemigo levanta en cada vida y que se oponen a su progreso espiritual y al de toda la iglesia. Dios nos ha entregado tres armas específicas para librar la guerra: la **oración**, la **alabanza** y la **predicación de su Palabra**.

"Orando en todo tiempo con toda oración y súplica en el espíritu y velando en ello con toda perseverancia". La oración es como un proyectil teledirigido que siempre da en el blanco. Pero este proyectil espiritual es efectivo en la medida en que no está viciado por el pecado ni por ninguna contaminación personal. Nuestra iglesia está equipada con esos proyectiles y sin importar cuál es la circunstancia que estemos afrontando, lanzamos estos proyectiles y destruimos la retaguardia de Satán.

Mientras la oración es una arma poderosa, la alabanza es una arma indispensable. En el **Salmo 22:23**, leemos: *"¡Los que teméis a Jehová, alabadle !"*. Y el **Salmo 8:2** dice:

> *"De la boca de los niños y de los que maman, fundaste la fortaleza, a causa de tus enemigos, para hacer callar al enemigo y al vengativo".*

Al hablar el salmista de fortaleza hace referencia a un lugar de seguridad y eso representa la alabanza y mediante ella desafiamos al enemigo, lo hacemos callar. La alabanza nos protege de cualquier poder demoníaco. En el capítulo **149** de los **Salmos** también encontramos:

> *"Exalten a Dios con sus gargantas, y espadas de dos filos en sus manos, para ejecutar*

venganza entre las naciones, y castigo entre los pueblos".

Somos testigos de la gran verdad encerrada en este texto y a través del ministerio de alabanza de la Misión hemos visto llegar la liberación a nuestra gente.

En la guerra se requiere una palabra de autoridad y esa es la Palabra de Dios. El proceso de liberación de los endemoniados fue desarrollando por Jesús usando el poder de la Palabra, Pablo le dice a Timoteo:

"Te encarezco delante de Dios y del Señor Jesucristo, que juzgará a los vivos y a los muertos en su manifestación y en su reino, que prediques la palabra; que instes a tiempo y fuera de tiempo; redarguye, reprende, exhorta con toda paciencia y doctrina" **(2 Timoteo 4:1,4).**

La predicación tiene que ser el arma más poderosa del creyente. El poder de Dios es desatado al confesar su Palabra porque, como lo dijo el mismo Jesús:

"El espíritu es el que da vida; la carne para nada aprovecha; las palabras que yo os he hablado son espíritu y son vida" **(Juan 6:63).**

Si al igual que nosotros, está usted completamente seguro de que ha recibido la visión de parte de Dios, el alcance de la misma implica estar dispuesto para la batalla. La obra de Dios crece cuando sus siervos permitimos que

Él corra el velo y nos ayude a identificar al enemigo. Todos los pastores que hemos logrado avanzar y vemos nuestros ministerios prosperados en gran manera tenemos algo en común: logramos descubrir al que se resiste, al que se opone, y decidimos entrar a quebrantarlo. Usted también puede hacerlo. Póngase la armadura y entre en la guerra.

TERCERA PARTE
El despertar de la unción

"El hombre de Dios es inmortal hasta que haya cumplido el propósito divino en la tierra".

VOLVER A DESPERTAR 1

A lo largo de estos años de ministerio, hemos podido comprobar un despertar constante de la unción, una renovación del mover del Espíritu Santo, tanto en nuestras vidas como en el trabajo de la iglesia. Pero el más grande e impactante de esos despertares ha sido el de 1997. Indudablemente, los acontecimientos de este año le dieron un nuevo curso a todas las cosas, por ello creo que, comenzando esta parte del libro en la que trataremos en varios capítulos acerca de las razones del éxito ministerial, es oportuno compartir lo que ya todo el mundo sabe por la divulgación de la noticia, pero que han anhelado conocer de nuestros propios labios. El testimonio del atentado del 25 de mayo, del que fuimos víctimas mi esposa y yo.

Tener la oportunidad de compartir esta experiencia es una demostración de que el Cristo nuestro, aunque murió en debilidad, resucitó en poder, y es por ese poder que su iglesia sigue avanzando y ahora con más dinamismo que nunca. El 25 de mayo fue un día de prueba para todos nosotros porque Satanás quiso callar la voz de los siervos de Dios y para lograrlo recurrió a las armas más sucias demostrando su cobardía; él siente miedo cuando la iglesia de Cristo avanza, y lo hace a pasos agigantados, y por eso, en nuestro caso, pensó que la única manera de frenar el crecimiento era quitándonos a mi esposa y a mí de en medio, pero algo que no tuvo en cuenta es que *"El hombre de Dios es inmortal hasta que haya cumplido el propósito divino en la tierra".*

Ese domingo, sin presentirlo en lo mínimo, el Señor me había inquietado a predicarle a la iglesia un mensaje basado en **Romanos 8:11,** y recuerdo fielmente que en medio del sermón sentí que debía inquietar a la congregación a cambiar la rutina en el proceso de intercesión dejando a un lado las oraciones vacías y llegando al lugar secreto con un verdadero gemir y quebranto de corazón. Después de tantos acontecimientos, estoy completamente seguro de que Dios estaba preparando a la iglesia para ser «quebrada», para que viviera su **peniel**.

Habíamos salido con mi esposa y mis hijas del Coliseo donde celebramos nuestras reuniones dominicales rumbo a un lugar donde festejaríamos el cumpleaños de Lorena, nuestra segunda hija; íbamos llenos de gozo por las experiencias de la mañana cuando al llegar a un semáforo en la zona norte de la ciudad, dos jóvenes que se transportaban en motocicleta se acercaron a mi ventanilla y comenzaron a disparar sus armas alevosamente. Recibí varios impactos de bala; el primero lo dispararon a la cabeza y rozó la base del cráneo; el segundo entró por la parte izquierda del cuello, lo atravesó y salió por el otro lado.

Con ese solo disparo el enemigo tenía tres opciones: si toca la arteria principal, me desangro en segundos; si logra alcanzar la cuarta vértebra, quedo cuadrapléjico; y si destruye las cuerdas vocales, quedo mudo; pero cuando Satanás envió este disparo, la mano de Dios tomó la bala, la dirigió y no permitió que tocara ningún órgano vital. Otros dos disparos fueron hacia el pecho, incluso las balas aún están dentro de mi cuerpo; una se alcanza a notar a la altura de la espalda. Cuando el cirujano me dijo que si quería que la sacaran, le comenté: "Déjela ahí porque no sé cuándo la voy a necesitar". Otra de las balas, la que iba directo al corazón, pegó en el reloj, éste tenía una base en acero, así que el metal desvió el disparo y logró solamente rozarme la quijada pero sin poder entrar. A Dios nada lo toma por sorpresa: el reloj que usaba en ese momento lo había comprado el día anterior y, aunque siempre acostumbraba a usar relojes livianos, había decidido, por primera vez, comprar uno con base en acero. Hasta en ese detalle pude ver la gloria de Dios.

Tan pronto recibí los disparos entré en **shock**, sentí que partía de este mundo, mi cuerpo se desgonzaba y desangraba en el vehículo; fue en medio de ese trance cuando escuché una voz que me dijo: "*¿Crees que te mueres o que te salvas?*". En fracción de segundos reaccioné sacudiendo mi cabeza pensando: "¡Yo no me puedo morir!". El verso sobre el cual había predicado aquel domingo vino a mi mente:

> "*Y si el Espíritu de aquel que levantó de los muertos a Jesús mora en vosotros, el que levantó de los muertos a Cristo Jesús vivificará también vuestros cuerpos mortales por su Espíritu que mora en vosotros*"
> (**Romanos 8**:**11**).

Reclamé ese texto diciéndole al Señor: "No me puedo morir porque ...*Y si el Espíritu de aquel que levantó a Jesús de entre los muertos mora en mi vida, Él vivificará también mi cuerpo mortal por su Espíritu que mora en mi vida*". Tan pronto confesé la Palabra sentí que el espíritu de vida volvió a mi cuerpo y, ni por un segundo, perdí el conocimiento; le pedí a mi esposa que apagara el carro, alguien se acercó a auxiliarnos y nos trasladó a una clínica y durante todo el trayecto estuve repitiendo ese texto bíblico. Mi esposa sólo recibió un disparo que también iba directo al corazón, pero entró por el brazo izquierdo, atravesó el seno y el Señor lo desvió ubicando la bala encima del corazón. Fue la protección divina sobre ella. Sólo mi esposa y mis hijas pueden comentar con mayor precisión lo ocurrido tan pronto fui internado en la clínica para un tratamiento que duró diez días y en el que experimenté una lucha entre la vida y la muerte, pero con la seguridad de que ya había reclamado la victoria.

Claudia comenta las vivencias de antes, durante y después del atentado

"La Biblia nos habla del día malo" y, de acuerdo con lo vivido, estoy segura de que todos los hijos de Dios, incluyendo a sus siervos, habrán de vivirlo. Antes pensaba que era sólo un día, pero ahora confirmo que se trata de un tiempo de prueba en que la sombra de tiniebla viene sobre nosotros. Un domingo antes del atentado salía de la casa con mis hijas rumbo al Coliseo donde acostumbramos reunirnos y de un momento a otro vino a mi mente la idea de que César iba a estar apartado de nosotras y que un peligro de muerte nos rondaba. Aunque reaccioné como cualquiera lo haría quitando ese pensamiento y preguntándome el porqué de aquello, el Señor ya me estaba alertando sobre lo que sucedería más adelante.

Yendo por la parte norte de la ciudad, en una de las principales autopistas, una mujer cometió una imprudencia y se atravesó en la ruta produciendo un accidente en el que nuestro carro estuvo a punto de volcarse. Aunque el automóvil quedó visiblemente afectado, Dios nos guardó tanto a mí como a mis hijas. No puedo negar que quedé sumamente nerviosa, pero pensé que el tiempo de peligro ya había pasado. Llegué al Coliseo en el momento en que César se alistaba para predicar; le comenté la situación y recuerdo que él sólo se quedó meditando. Al día siguiente debíamos salir a Nicaragua para cumplir un compromiso ministerial, de tal modo que regresamos a casa ese domingo para alistar maletas y compartir un tiempo con nuestras familias y unos amigos de Inglaterra y Costa Rica que nos venían acompañando. Hacia las doce de la noche de ese mismo domingo irrumpieron en nuestra casa, ubicada en las afueras de la ciudad, unos doce hombres encapuchados y fuertemente armados quienes nos redujeron a la impotencia diciendo: "No se preocupen, venimos por dinero, no vamos a atentar contra sus vidas". Dentro del grupo había unos más violentos que otros quienes se dedicaron a buscar minuciosamente intentando hallar cosas de valor. Yo pude ver que era un momento de tinieblas, ese tipo de momentos en los que el enemigo aprovecha para hacer pensar a la gente: "¿Dónde está la protección de Dios para sus siervos?"; sin embargo, el Espíritu Santo nos dio fortaleza. Hubo ratos en que escuchaba decir a aquellos hombres: "Si no encontramos dinero secuestramos al pastor". El Señor no permitió que sus amenazas se cumplieran. Se llevaron todo lo que encontraron de valor, incluyendo el vehículo, y aunque no afectaron nuestras vidas, nos vimos en un grave peligro. Pensamos que ahí había terminado la prueba, pero el domingo siguiente, cuando César predicó sobre **Romanos 8:11**, no alcanzamos a imaginar que el Señor estaba alistando a la Misión Carismática Internacional para vivir un momento tan difícil como el que vendría.

Muchas cosas sucedieron dentro de mí el 25 de mayo en el momento del atentado, una de mis primeras reacciones después de los disparos fue tomar a César de un brazo y decirle en medio de la angustia: "¡No te mueras ! ¡por favor, no te mueras!". Yo estaba herida, pero si en mí hubo peligro de muerte el Señor hizo el milagro en forma instantánea; con mi esposo no fue así, desde ese momento comenzarían diez días de lucha en los que aprendí el verdadero significado del poder de la intercesión, sabía que si desfallecía, César podía morir; fueron días y noches enteras intercediendo, clamando, gimiendo, con quebrantamiento absoluto; lo que más le decía al Señor era: "Padre, hazme justicia de mi adversario, porque sin causa llegamos a esta situación". Fue ese un tiempo en el que mis hijas y yo vivimos algo similar a lo de José cuando Potifar lo envió injustamente a la cárcel porque el tiempo de prueba fue como estar en prisión. No obstante, fue un período en el que la familia se mantuvo más unida que nunca y el Señor reconfirmó a través de toda esta situación que mis hijas tienen un llamado ministerial. Precisamente Johanna, la mayor, comparte en su testimonio que cuando sucedió el atentado vino un pensamiento a su mente en el que el Señor le decía: *Si te hubiera pasado algo a ti, si hubieras muerto, ¿ya te preparaste?, ¿ya cumpliste con el propósito de Dios en la tierra?"*. Quizá el enemigo quería dejar a mis hijas huérfanas, y que pensáramos que el Dios al cual servimos es un Dios que no protege, que desconfiáramos del Todopoderoso; pero en medio de la situación nos acordábamos de las promesas divinas y teníamos la seguridad de que el cielo y la tierra pasarán, pero la Palabra de Dios no pasará.

Después de diez días batallando, tanto nuestra familia como toda la iglesia por la salud de César, el Señor obró el milagro, y de una manera tan grandiosa que la recuperación física y emocional de mi esposo fue rápida para sorpresa de los mismos especialistas, hasta el punto que hoy lo vemos y nos da la impresión de que nunca le hubiera sucedido algo semejante.

Dios nos dio la victoria. En uno de los instantes de intercesión buscando explicación a lo acontecido, el Señor trajo a mi memoria el texto de **Juan 10:10**:

"El ladrón no viene sino para hurtar y matar y destruir; yo he venido para que tengan vida, y para que la tengan en abundancia".

Dios me dijo que habíamos vivido las tres cosas: robaron, querían matar pero no lo lograron, y querían destruir mi vida, la de mi esposo, el ministerio y, por consiguiente, apagar la luz que hay en nuestra nación. El Señor nos dio vida en abundancia, fue un volver a nacer, un volver a despertar. Con César pensamos que algo nuestro murió allí y ahora podemos observar la vida de una manera diferente. Nunca nos ha preocupado lo material, pero notamos que la vida es frágil y que las cosas que valen son las que uno haga para el Señor.

Después de esta experiencia, tenemos mayor seguridad de que Dios quiere llevarnos a la conquista porque luego de la prueba viene la autoridad. La Biblia dice que después de que Jesús fue tentado por Satanás a quien venció por el poder de la Palabra, bajó revestido del Espíritu Santo. Ahora tenemos mayor autoridad fundamentados en la Palabra de Dios y hemos recibido una unción especial para llegar al corazón de los sicarios, de los guerrilleros, de los violentos, todo porque al Espíritu Santo le ha placido.

LA FE, LA ESPERANZA, EL AMOR 2

1997 ha sido un año de gran cosecha, desde el comienzo del mismo el Señor me inquietó a predicarle a la congregación sobre el texto de **1 Corintios 13:13**:

> *"Y ahora permanecen la fe, la esperanza y el amor, estos tres; pero el mayor de ellos es el amor".*

Varios de mis sermones los hice fundamentado en este pasaje bíblico, pues vi en ellos factores que son claves para el progreso a nivel personal y también a nivel ministerial. Analizando que iniciamos la obra en la Misión Carismática Internacional guiados por un sueño, dando pasos de fe y amando a la gente que Dios nos ponía cerca para ser evangelizada convertida en nuevos creyentes, creo que esta visión ha girado todo el tiempo en torno a la fe, la esperanza y el amor. El éxito también ha tenido que ver con estos principios y lo seguiremos cosechando al compás de ellos.

El mundo es del que sueña y es visionario, no nos cansaremos de repetirlo y esta gran verdad no puede ser eludida por una iglesia que aspire a proyectarse. Si tratamos de encontrar elementos que caractericen a cualquier soñador, a cualquier persona destacada en el mundo de los negocios, a cualquier individuo de renombre, notaremos que la fe, la esperanza y el amor se encuentran en ellos como aspectos en común. El reverendo Cho, pastor de la que es hasta ahora la iglesia más grande del mundo en Seúl, Corea, ha sido de gran inspiración para nuestras vidas; su testimonio nos permite catalogarlo como una de esas personas que habrán de quedar inscritas en la historia de la iglesia cristiana en el mundo, como gestores de cambio porque se atrevieron a dar pasos de fe, a abrigar una esperanza y a desarrollar su trabajo mediante el amor.

Cuando visitamos Seúl, recorriendo sus calles a lo largo y ancho, algo impactante fue no haber visto pobreza. Cuarenta años atrás quizá las cosas eran diferentes y el ánimo de los coreanos estaba por el piso, igual al de millones de habitantes en el Tercer Mundo. Y era que Corea había quedado arrasada por causa de una guerra mundial en la que los japoneses les subyugaron apropiándose de sus recursos naturales y esclavizándolos al máximo. La población no tenía esperanzas y sus viviendas eran sumamente deplorables. Pero en medio de la adversidad hay una luz que traspasa cualquier estado miserable y es la luz de esperanza que trae el evangelio de Jesucristo, la cual llegó a un coreano budista y pagano que el día en que se convirtió fue rechazado por su padre quien lo trató hasta de "perro cristiano" y lo corrió de la casa. Pero él estuvo dispuesto a aceptar el menosprecio de su familia con tal de seguir al Señor, estoy hablando de Paul Yonggi Cho. Fue después de hacerse cristiano y ya pastoreando una pequeña congregación cuando Cho aprendió el lenguaje de los sueños porque oraba y no tenía respuestas: su cama era en el suelo, no tenía silla donde sentarse ni una mesa en la cual apoyarse para escribir sus conferencias, y tampoco contaba con una bicicleta para ir a visitar a los hermanos de la iglesia. Un día le dijo al Señor: "Sólo te pido que me des estas tres cosas: una silla, una mesa, una bicicleta". Pero por más que oraba, la respuesta se demoraba en llegar; en una oportunidad el Señor le habla indicándole que tenía que ser más específico en la oración, pues había muchos tipos de sillas, de mesas y de bicicletas. Entonces Cho cambia la oración en estos términos: "Te pido una silla de tal madera y de tal fabricación, una mesa de la misma madera y de la misma fabricación y una bicicleta americana y con cambios". Después de empezar a orar de esta manera, este hombre se impregnó de tanta fe que un día dijo a la iglesia: "Hermanos, quiero testificar que el Señor me regaló una silla, una mesa y una bicicleta" pero aún no las tenía; sólo se apoyaba en la fe, lo que hace abrigar la esperanza, y las dos juntas llevan a la confesión. Pero Cho no contaba conque unos jovencitos se le acercarían a decirle que estaban interesados en ir a su casa para ver lo que Dios le había regalado; sin embargo su fe no menguó, de tal modo que los llevó a la casa y ellos miraban por todos lados sin lograr ver absolutamente nada, así que le preguntaron: "Pastor, ¿dónde están su silla, su mesa y su bicicleta?"; en ese momento Cho sólo atinó a pedir la dirección del Señor para saber qué responder, y se le ocurre preguntar a uno de los jóvenes:

– ¿Dónde estabas tú antes de nacer?
– ¡Pues en el vientre de mi mamá!
– ¡Pero ya existías!
– ¡Claro!
– ¡Aunque no habías nacido !
– ¡Claro!

Eso es lo que me ha pasado a mí. El Señor ya me dio la silla, la mesa y la bicicleta. Es como si estuviera embarazado de esas cosas. Ya existen, pero no han nacido ¡Estoy esperando que nazcan!

Con esto tan sencillo nació uno de los ministerios que ha dado un extraordinario aporte a la transformación de Corea y ha ayudado en el cambio de las iglesias a nivel mundial. Al hablar de Cho y su influencia en Corea gracias a su fe, a su esperanza y a su amor, se hace referencia a la penetración del cristianismo en todas las esferas de la comunidad coreana, gracias a su aporte ministerial; hoy día el 35% de la población de ese país es cristiana. También ha prosperado el comercio y la industria, y el Señor ha entregado a los creyentes muchas de las empresas. La prosperidad se observa por todos los rincones coreanos. Yo estoy completamente seguro de que si eso ocurrió en ese país porque el Señor lo permitió, también puede ocurrir en nuestra nación, Colombia, y en todas las naciones del mundo. Necesitamos movernos con fe, con esperanza y con amor.

Volviendo al texto de **1 Corintios 13:13**, necesitamos en nuestras iglesias aplicar conceptos y estrategias que perduren para siempre. La fe, la esperanza y el amor lo son. La fe es para hoy, no es para el mañana. Una persona enferma, por ejemplo, que cree en la Palabra de Dios, por fe, comienza a confesar su sanidad ya que la fe lo hace conquistador, permitiéndole observar el milagro en el instante. El otro elemento en el proceso es la esperanza que, a diferencia de la fe, es para el mañana; es decir, la esperanza equivale al sueño en sí mismo, es la visión del futuro, por eso nos atrevemos a decir que una persona sin sueños es una persona sin esperanzas y por tanto nunca podrá realizarse en la vida. El pueblo está moviéndose así en nuestros días, está perdiendo la esperanza y la oportunidad de soñar. Aunque sucede con todas las personas, este fenómeno es más visible en la juventud; la gente joven ha dejado de soñar y si lo hace, cae en vanalidades.

En el proceso de abrigar una esperanza debemos evitar caer en la trampa del enemigo de considerar que la prosperidad viene de la noche a la mañana, ella llega paulatinamente, con trabajo consistente, con una clara visión del futuro y una meta específica.

Al pensar en una visión concreta a nivel ministerial, vemos que el Señor la entrega a partir del amor por los perdidos, cuando sentimos compasión por las almas, en las manos de Dios nos volvemos conquistadores.

Por años, ya siendo ministro del evangelio, no había en mí una definida visión de crecimiento, pensaba que lo máximo que uno podía llegar a pastorear era una iglesia de 120 personas, pero Dios intervino rompiendo los moldes en mi mente y me dio la visión. En dicha visión la fe, la esperanza y el amor han sido constantes. Quiero cerrar este capítulo con un desafío testimonial: cuando teníamos 30 personas en la congregación, mi sueño era alcanzar 200, así que predicaba como si hubiera 200 personas reunidas. Los pocos hermanos se sentaban en la parte de adelante y recuerdo que por momentos decía: "¿Los que están allá atrás, me están escuchando?". Obviamente, el grupito miraba hacia atrás y no veía a nadie, pero yo sí los veía en fe; para mí las almas ya estaban, sólo faltaba traer los cuerpos y para ello daba la orden a Satanás para que los soltara y activaba a los ángeles en oración para que los trajera, y como era de esperar, el milagro ocurría. Hemos crecido multitudinariamente y lo seguiremos haciendo con fe, esperanza y amor.

CINCO 3
PRIORIDADES

S i observamos en derredor nuestro nos encontraremos con personas que, aun siendo cristianas, convencidas del poder de Dios, no reflejan ser prósperos o bendecidos como el mismo Señor quiere; esto sucede, incluso, en la vida de ministros y pastores que llevan años trabajando en la obra y por más que luchan, no hay una multiplicación en sus iglesias y el crecimiento espiritual tampoco se deja ver. Lo que ocurre es que algunos no saben cuáles son sus prioridades en la vida y si las saben, no las tienen en cuenta en el orden correcto.

Cuando Dios me dio la visión en 1983, luego de invitarme a soñar con una iglesia grande, recuerdo que me preguntó por la iglesia que me agradaría pastorear y yo pude visualizar a cientos de miles de personas, fue entonces cuando reafirmó su Palabra diciéndome: *"Eso y más te daré sin andas en mi perfecta voluntad. De ahora en adelante, tus prioridades serán así: Yo debo ser el número uno en tu vida, tu vida misma es importante, tu familia, el trabajo en mi obra y por último el trabajo secular".* Creo, gracias al resultado que me ha dado el atender conscientemente la voz de Dios en este sentido, que éstas deben ser las prioridades de cualquier persona que anhele alcanzar el éxito en todo cuanto emprenda.

Dios el número uno. Muchas personas creen en Dios, pero no lo aman y lo que Él busca de nosotros es que pasemos del simple creer a amarle genuinamente. El apóstol Pablo coloca el amor en un peldaño más arriba que la fe y la esperanza.

Generalmente cuando estamos en problemas acudimos a Dios para entregarle nuestras cargas, es una situación parecida a la de la mujer que sólo acude al marido para que le resuelva sus necesidades cotidianas, pero nunca le manifiesta cariño y afecto; así tiende a ser la relación que muchos tienen con el Señor: acuden a Él para que les dé, pero no cumplen la parte que les corresponde. Hacer de Dios el número uno en la vida implica un esfuerzo especial de nuestra parte, porque esto significa tenerlo constantemente en la mente como se acostumbra a tener a aquella persona a la cual, más amamos. La Escritura dice:

> *"Amarás al Señor tu Dios con todo tu corazón, y con toda tu alma, y con todas tus fuerzas, y con toda tu mente...".*

Todo aquello que ocupe el primer lugar en nuestra vida, si no es Dios, entonces es un ídolo y esto el Señor lo demanda sin importar qué o quién sea. Cuando Isaac llegó a la vida de Abraham, éste volcó su afecto en el muchacho y Dios le dijo: *"Tienes que darme a tu hijo a quien más amas"*. Sólo cuando Abraham estuvo dispuesto a sacrificar a Isaac, el Señor comprobó quién ocupaba el primer lugar en el corazón de este hombre. Si queremos tener ministerios bendecidos y que sean de bendición para nuestras vidas, Dios tiene que ser el número uno en el corazón. De esta manera no seremos nosotros quienes hagamos la obra corriendo el riesgo de caer en el peligro de la vanagloria, sino que siempre actuaremos con el propósito de que sea Jesucristo glorificado.

Tu vida es importante. En más de una oportunidad he escuchado claramente al Señor diciéndome: *"Tú eres el canal a través del cual fluye mi Espíritu"*. De esta manera me ha estado reiterando que la segunda prioridad tiene que ver con mi propia vida y, en especial, con el cuidado de mi cuerpo. El apóstol Pablo dice: *"¿O ignoráis que vuestro cuerpo es templo del Espíritu Santo, el cual está en vosotros, el cual tenéis de Dios, y que no sois vuestros?"* (**1 Corintios 6:19**). El cuerpo se convierte en la habitación del Señor. Dios quiere vivir en nuestra mente, en nuestras emociones y en nuestra voluntad, y para que Él pueda controlar el ser, debe haber una rendición total de nuestra parte. En el transitar cotidiano se permite a veces mucha contaminación mental con pequeñas indiscreciones. Algunas personas batallan día tras día con malos pensamientos e impurezas y esto sucede porque puede haber dos señores sentados en el trono. La mente y todo el cuerpo se contamina a través de los sentidos, por ello es importante cuidar lo que se ve, se oye, etcétera, dice Pablo también:

> *"Por lo demás, hermanos, todo lo que es verdadero, todo lo honesto, todo lo justo, todo lo puro, todo lo amable, todo lo que es de buen nombre; si hay virtud alguna, si algo digno de alabanza, en esto pensad"* (**Filipenses 4:8**).

Estamos llamados a seleccionar lo que leemos, escogiendo, incluso, dentro de la misma literatura, aquella que no esté cargada de contenidos negativos y poco edificantes; llamados también a escoger lo que se ve a través de la televisión o se escucha en la radio a fin de mantener la mente pura. Por otra parte, la prioridad de la vida nos impulsa a mirar en qué condición se encuentran nuestras emociones, muchos quieren desarrollar la obra de Dios sin haber sanado las heridas de su alma y de esta manera jamás estarán en la capacidad de ayudar a sanar a otros. Por lo general, desde el momento en que se es engendrado y cuando se llega a este mundo, un ambiente de maldad persigue al ser humano; el salmista dijo:

"He aquí, en maldad he sido formado y en pecado, me concibió mi madre"
(**Salmos 51:5**).

Sin embargo, aunque estamos en este ambiente, el Señor, por medio de su obra redentora, nos santificó y nos justificó.

Pablo dijo:

"...y todo vuestro ser, espíritu, alma y cuerpo, sea guardado irreprensible para la venida de nuestro Señor Jesucristo"
(**1 Tesalonicenses 5:23**).

Esto nos da a entender que nuestro espíritu debe mantenerse en comunión íntima con Dios, que las heridas emocionales deben ser sanadas y toda cadena que nos ligue al pasado debe romperse. El cuidado se extiende también a los alimentos que se consumen, al aire que se respira y al ejercicio físico que se desarrolle. Dios aspira que cuidemos nuestra salud, está bien, Él nos sana de cualquier dolencia o afección física, pero muchos abusan de su salud abriendo la puerta a enfermedades que pueden ser evitadas y de esta manera se cae en el pecado de tentar a Dios. El Señor nos insta a cuidar nuestra vida, Él quiere que estemos largo tiempo sobre la tierra para seguir cumpliendo su obra, pero en santidad y, en gran parte, esto depende de nosotros mismos.

La familia. Nuevamente miro atrás para analizar y resaborear nuestro éxito ministerial y tengo que darle infinitas gracias al Señor por darme una familia como la que tengo y me refiero a mi esposa Claudia y a mis cuatro hijas: Johanna, Lorena, Manuela y Sara Ximena. Ellas constituyen un aliento refrescante cada día y son pilares con los cuales Dios sostiene esta tarea. También le doy gracias al Altísimo por mi madre y mis hermanos, así como por mis suegros y mis cuñados, todos ellos forman parte del cumplimiento de una promesa desde que comprendí que debía integrarlas a mis prioridades.

Dios espera que la familia de todo cristiano, en especial la de sus siervos, sea una familia modelo; que el hombre gobierne bien su casa y que eleve a su esposa a una posición de autoridad y dignidad tratándola como a un vaso frágil, como sugiere el proverbista: *"que el hombre alabe a la mujer y la mujer respete a su marido"*. Que los dos sean un equipo. Una de las áreas en que más ataca el enemigo a los hogares es en el distanciamiento de la pareja creando fuertes diferencias a través de conflictos en los que uno de los dos querrá dominar al otro. El hombre y la mujer deben entender que *"son una sola carne"* y que están unidos para hacerle frente a las adversidades y presiones del mundo. Los hijos llegan para formar parte de ese equipo, manteniéndose en sujeción a los padres. Unánimes como familia, tanto padres como hijos, podrán enfrentar de una manera más sencilla cualquier dificultad y, si está desarrollándose un ministerio, el trabajo familiar lo hará más productivo.

El trabajo en la obra de Dios. A veces esta prioridad tiende a ser invertida con la anterior. He escuchado a ministros del evangelio decir que prefieren estar dedicados a la obra de Dios que a la familia. Desde ningún punto de vista esta posición es correcta. Si un hombre no puede gobernar su casa, mucho menos podrá administrar la obra de Dios. En más de una oportunidad me han preguntado por razones de mi éxito ministerial y he respondido que el mismo es un reflejo de cómo estamos en el hogar; nos hemos esforzado para que la familia sea un equipo y el Señor nos ha ayudado para lograrlo. La obra de Dios es muy importante, pero ésta será más eficaz si vivimos en armonía con nuestra familia y todos los miembros de la misma se involucran en la visión y sus ministerios dan fruto. Procuro que tanto mi esposa como mis hijas me acompañen en todas las ministraciones y siento un tremendo respaldo del Señor a través de ellas.

El trabajo secular. Conozco a personas que se convierten en esclavos del trabajo secular, que llegan a laborar hasta 16 horas diarias, y esto hace que les quede poco tiempo para pensar en Dios y vincularse activamente a su obra. Algunos tratan de justificarse diciendo que oran mientras trabajan, pero lo uno no puede mezclarse con lo otro;

invertir estas prioridades, o sea, primero el trabajo secular y por último Dios, es extremadamente peligroso; el Señor es celoso con su obra. Dios no me dio el trabajo como la primera prioridad. Cuando recibí el llamado, comencé a trabajar en la obra y en el campo secular, pero al recibir la visión en 1983 llevaba cuatro meses de haber renunciado a la iglesia y ese mismo día el Señor me indicó que debía renunciar a lo secular; aunque temía hacerlo por mis compromisos financieros, Dios me habló claro: *"Preocúpate por servirme que yo me ocuparé de tus necesidades, ¿acaso habrá un Señor mejor que yo y una empresa mejor que la mía?, ¡todo lo que necesites yo te lo daré!"*. Desistí del trabajo secular y a partir de ese momento cambié el rumbo, mi preocupación ahora no son las finanzas, es hacer la obra de Dios y la preocupación de Él, bendecir todas las áreas de mi vida, incluso la financiera.

4 MINISTERIO PROFÉTICO EN LA IGLESIA

La Misión Carismática Internacional es una iglesia eminentemente profética. Tenía que serlo por dos razones: la primera, su inicio fue determinado por una Palabra profética dada directamente por Dios a este su siervo; y la segunda, dentro de los cinco ministerios que el Señor dejó establecidos bíblicamente, la profecía ocupa un lugar destacado. De acuerdo con lo que hemos vivido, considero que una iglesia sin profecía es una iglesia que no avanza.

Nos hemos movido durante todos estos años de ministerio en medio del cumplimiento de palabras concretas del Señor dadas a la iglesia y aun a mi esposa y a mí como pastores, a través de los labios de hombres y mujeres de Dios cuya sensibilidad a la voz del Espíritu Santo se ha hecho evidente porque, confiando en la Palabra divina, hemos visto el cumplimiento de cada anunciación.

Desde la misma época primitiva, el ministerio profético ha sido necesario en la iglesia; la Biblia dice en **Hechos 13:1,3**:

> *"Había entonces en la iglesia que estaba en Antioquía, profetas y maestros: Bernabé,*

Simón el que se llamaba Niguer, Lucio de Cirene, Manaén el que se había criado junto con Herodes el tetrarca, y Saulo. Ministrando éstos al Señor, y ayunando, dijo el Espíritu Santo: Apartadme a Bernabé y a Saulo para la obra a que los he llamado. Entonces, habiendo ayunado y orado, les impusieron las manos y los despidieron".

Y en **Efesios 4:11** vemos la definición de los cinco ministerios para la edificación plena del cuerpo de Cristo, aparte de los cuales el Señor dio dones: de inspiración, de revelación y de poder **(1 Corintios 12)** y entre todos ellos se cuenta el de profecía, lo que nos permite concluir que ésta es tanto un ministerio como un don. En forma rotunda y firme la iglesia requiere el ministerio profético.

Muchas personas ven las posibilidades de ser usadas en el papel profético como algo muy lejano, y no sólo hago referencia a los creyentes comunes y corrientes, sino también a ministros consagrados. Siempre que observo esto me ubico en la historia de Saúl, un hombre ordinario a quien el Señor le ministra a través del profeta Samuel diciéndole:

"Entonces el Espíritu de Jehová vendrá sobre ti con poder, y profetizarás con ellos, y serás mudado en otro hombre" **(1 Samuel 10:6).**

El profeta siente que el Espíritu de Dios viene sobre él en forma más poderosa que en cualquier otro y es cuando se dan las manifestaciones. Dios cambia el corazón del hombre ordinario y le da uno conforme al suyo con la capacidad de profetizar. Algo que he notado es que el verdadero profeta de Dios es el que nunca tiene comprometido su ministerio con nadie, habla la palabra del Señor tal como es, sea buena o no, gústele o no a la persona o iglesia a la cual está profetizándose. Ser profeta no es una labor fácil pero cuando Dios dice "¡habla!", se tiene que hablar.

La profecía es de los ministerios más impopulares que existen. Cuando Juan el Bautista recibió palabra del Señor de decirle a Herodes que no le era lícito tener a la mujer de su prójimo, de su hermano, éste lo mandó a decapitar. Jeremías fue puesto en la cárcel y sus pies en el cepo después de que Dios lo envió con una palabra específica al rey; incluso, Jeremías estuvo en angustia y aflicción diciéndole a Dios: "*Señor, tu palabra me ha sido por afrenta, a tal punto que dije: callaré y no volveré a profetizar*", porque todos estaban en contra de él. Sin embargo, Jeremías sentía que un fuego dentro de él lo impulsaba a hablar y no podía callar.

Algunas veces lo que se va a hablar proféticamente es bueno o es una palabra de represión. Una palabra de Dios dada en profecía nunca es para destruir a nadie, cumple tres propósitos: **exhortación**, **edificación** y **consolación**. A través de una profecía se muestran dos caminos: el de las consecuencias si se desobedece la Palabra de Dios y el de las bendiciones si se actúa en obediencia. Por ello, debe tenerse mucho cuidado con lo que se profetiza. Nadie puede hablar a otro en nombre de Dios si no se ha recibido la unción y la autoridad para ello; un falso profeta puede terminar con la vida de una persona y con todo un ministerio. El espíritu de mentira puede tomar los labios de muchos y por esto una profecía debe ser juzgada por toda la iglesia, no hacerse en un lugar secreto.

He podido conocer la influencia de falsos profetas en algunas vidas y en muchas iglesias, pero lo que yo experimenté en tal sentido recién comenzado mi ministerio, me ayudó a buscar siempre la confirmación de Dios ante cualquier anuncio profético. Comenté tentativamente de esto en uno de los primeros capítulos y sea esta la oportunidad para ampliarlo un poco más.

Cuando mi familia no entendió lo que estaba sucediendo con mi vida luego de la conversión, tuve que salir de casa y el único sitio que encontré para vivir fue una pequeña iglesia que dirigía una señora que tenía la presunción de ser profeta. Yo estaba muy nuevo y aún no conocía todas las riquezas del mundo espiritual. A los pocos días de mi llegada, una jovencita vino a vivir en el segundo piso de la casa y esta señora comenzó a insinuarme que me fijara en ella porque, de acuerdo con su criterio, los dos hacíamos buena pareja. Insistió tanto que llegué a molestarme y decirle: "Hermana, si el Señor tiene esposa para mí, Él me la dará, no se meta en mi vida privada". Aquello no le gustó y dijo que yo tenía soberbia, así que me invitó a ponerme de rodillas y orar. Estaba inocente de lo que era una profecía y esa mujer aprovechó la situación para hacerme creer que Dios hablaba a mi vida; recuerdo muy bien que en medio de su cuerpo tembloroso mencionó las palabras: "Varón, ¿quién eres tú para contender conmigo? ¿Te justificarás tú y me condenarás a mí? ¡Quiero que sepas que esa joven va a ser tu esposa!". Tan pronto escuché aquello quedé descontrolado porque lo sentimental desempeña un papel importante en una relación y yo no sentía nada por esa muchacha. Cuando la joven supo lo de la profecía, comenzó mi tortura: a la seis de la mañana mi compañero de habitación salía para su trabajo y aquella mujer se entraba en el cuarto, incluso a la cama, representando una terrible tentación. Oraba al Señor, le clamaba: "Señor, tu Palabra dice: ¿cuál es el padre que cuando su hijo le pide pan le dará una piedra? ¡Esta mujer es una piedra para mí!". No caí en las redes del enemigo porque Dios me sostuvo, su misericordia me protegió, de lo contrario no fuera quien ahora soy. El diablo percibe los ministerios que habrán de ser prosperados y trata de derribarlos antes de que florezcan. Tuve que huir de la tentación. La Biblia dice: *"Huid de la fornicación"*. Salí de Bogotá por un tiempo y comencé a buscar una confirmación de Dios en ayuno y oración en cuanto a todo este asunto; dije: "Señor dime si esta mujer va a ser realmente mi esposa, confírmame si la profecía que he recibido viene de ti o no". Tres pasajes bíblicos me dieron la libertad: **Ezequiel** capítulo **13**, **Jeremías 14**:**14** que dice:

> *"...Falsamente profetizan los profetas en mi nombre; no los envié, ni les mandé, ni les hablé; visión mentirosa, adivinación, vanidad y engaño de su corazón os profetizan".*

Aquí se habla de quienes profetizan de su propio corazón, profetas insensatos que andan en pos de su propio espíritu y a quienes Jehová no ha enviado. Y el último texto hizo que la paz llegara enteramente a mi corazón:

"Los opresores de mi pueblo son muchachos, y mujeres se enseñorearon de él. Pueblo mío, los que te guían te engañan, y tuercen el curso de tus caminos" (**Isaías 3:12**).

Dios me llevó a rechazar la falsa profecía de aquella señora en el nombre de Jesús. Poco tiempo después escucharía la voz del Espíritu Santo diciéndome al encontrarme con Claudia : *"Ella va a ser tu esposa"*.

El ministerio profético es impopular, pero a un mismo tiempo de gran bendición para la iglesia. Tenemos un sinnúmero de anuncios proféticos que han marcado el curso de nuestro trabajo ministerial, pero tres de ellos han sido definitivos: la misma Palabra de Dios recibida en la costa norte colombiana a partir de la cual surgió la Misión Carismática Internacional, la profecía dada a través de nuestro hermano Randy McMillan en 1989 que expusimos ya, y una revelada en marzo de 1997 tanto para mi esposa como para mí en labios de Bill Hammond y Cindy Jacobs. Nos encontrábamos celebrando el congreso profético en la iglesia y por esos días Estados Unidos había vuelto a descertificar a nuestro país. Por ser de tanto impacto al ver que los acontecimientos subsiguientes a esa fecha le daban cumplimiento, me permito transcribir sus más importantes apartes:

"...Y el Señor dice: Es tiempo de que oren por los Estados Unidos porque hay una nube de tinieblas que viene contra esta nación, deben perdonar y tener misericordia, no porque ella merezca misericordia, sino porque el Señor os ha llamado a bendecir a aquellos que os maldicen... Voy a usar a Colombia para enseñarle a la iglesia americana, la iglesia de Estados Unidos, cómo guerrear en los lugares celestiales... Y el Señor le dice a su hijo César: Habéis sido llamado en un tiempo como éste para los Estados Unidos de América, y enseñarás el mensaje que yo os he enseñado a ti a lo largo y ancho de los Estados Unidos... Abriré las puertas de los estadios más gigantescos y estarán llenos de gente hambrienta... El Señor dice: Voy a cambiar la maldición y usaré a un colombiano para sanar a los perseguidores, utilizaré a un colombiano para liberar la misericordia de Dios porque tú entiendes cómo luchar contra la violencia... Y el Señor te dice: Hijo, yo te he enviado para sanidad de los Estados Unidos, hijo mío, pude haber hallado a otra persona para hacer esto, pero te lo pido a ti, ¿amarás mis ovejas..? Porque hay muchos creyentes en los Estados Unidos que aman a Dios, y las tinieblas que vienen contra esta nación causarán terrorismo y fuegos, incendios, y ciudades arderán en fuego; pero hay tiempo, dice el Señor, y por eso yo te unjo como a José para ir a Egipto y sanar la nación.... El Señor dice: Hijo mío, no temas porque el diablo ya te ha tirado lo peor que él tiene, ha tratado de destruirte, pero yo he declarado en los cielos: diablo, ya no podrás tocar a este hombre porque él está en el curso de mi destino, lo he levantado para mis propios propósitos y estoy nombrando ángeles guerreros enfrente de él y detrás de él; estoy declarando protección para su familia, para su iglesia, para su ministerio. Declaro que esto es personalmente para ti: Ninguna arma forjada contra ti prosperará, y toda lengua acusadora que se levante contra ti en juicio yo la condenaré; dice el Señor: ...Mis ojos han estado buscando en toda la tierra a un hombre como tú... Te he desatado del temor de la muerte, el diablo no tiene nada contra ti porque ya depositaste tu vida, ya moriste, y tu vida está en mis manos y en mis planes... Desde este día en adelante hablarás con autoridad apostólica, con unción fresca... Naciones se levantarán y caerán con la palabra profética que saldrá de tus labios, estoy levantando a mis profetas y a mis apóstoles para que sean mi voz en toda la tierra... Desato una doble porción sobre ti y sobre tu esposa y los demás, dice el Señor...".

Después del atentado del 25 de mayo, como nunca antes, mi esposa y yo le damos gracias al Señor por el ministerio profético. En nuestra iglesia se ha convertido en algo tan trascendental que cada año estamos celebrando la *invasión profética* un congreso de una semana en la que hombres de Dios siempre traen una palabra de renovación a cada vida y a toda la iglesia. Somos sensibles a la voz de Dios y vemos el cumplimiento de su palabra. El libro que ahora tiene en sus manos, forma parte de un cumplimiento profético. Y aun se cuentan por miles las evidencias del poder del Señor a través de las profecías.

5 PASANDO EL EXAMEN

Todo cuanto hemos recorrido y avanzado hasta ahora en el ministerio ha tenido que ser evaluado etapa por etapa por parte del mismo Dios, y en la media en que hemos ido pasando el examen, Él se ha encargado de darnos más y más.

Algo que observamos junto con mi esposa es que la aprobación se obtiene dependiendo de nuestra incursión en la dimensión de la fe. Hace poco, Claudia vivió la más grande experiencia de la evaluación ministerial, por eso he querido que en este capítulo sea ella quien comparta.

Claudia pasando el examen

Me parece preciso comenzar con otros apartes de la profecía que recibimos con mi esposo en marzo de 1997 de parte de Dios a través de Bill Hammond y Cindy Jacobs. Cuando los dos se dirigieron a mí, fue esta la palabra del Señor: "...Hija mía, os he unido como equipo, aunque no van a ser siempre un ministerio de equipo, algunas veces se encontrarán ministrando en diferentes lugares a un mismo tiempo, hablando a diferentes grupos; ahora he establecido un decreto nuevo y quiero que sean un prototipo del ministerio de esposo y esposa, quiero ver al apóstol y la profetisa fluyendo juntos; porque a través de este país yo haré una obra nueva, así como Cristo está levantando a su novia, la iglesia, los hombres colombianos traerán a sus esposas a una gloria mayor de Dios, porque estoy liberando a mis mujeres para que ellas puedan entrar en el ministerio como yo he decretado desde el principio de la fundación de los siglos... Tú enseñarás, hija mía, porque yo no tengo un Espíritu Santo masculino o femenino, tengo un solo Espíritu Santo y no hago excepción de personas; el hombre mira a lo externo, yo miro al corazón y al espíritu de la personas y, mi hija, yo he encontrado en ti un espíritu y un corazón que, al igual que David, me ama. La misma unción que deposité en Débora, la deposito en ti como profetisa, hija de Dios, y así como Débora gobernó sobre muchas casas y motivó a grandes líderes para ir a la batalla, tú serás una fortaleza y una motivación a tu esposo, y motivarás a muchos otros a través de Colombia.

Desde este día te estoy quitando de detrás de este hombre y te estoy poniendo juntamente a su lado. Durante los próximos tres años verás el desarrollo del equipo de esposo y esposa, que se va a extender a todos aquellos con quienes trabajan y con quienes ejercen el ministerio y voy a desatar unción para la familia sobre este ministerio... Hija mía, el Señor declara que te ha dado un don especial esta noche y es **el don de la fe**, vas a quedar asombrada de las cosas que podrás creer... Hija mía, sé de valor, yo te necesito, porque así como yo sano a este gobierno, voy a usar ese conocimiento para que vayas a sanar a los Estados Unidos; la misma cosa que dije a tu esposo te digo a ti: los dos tienen que ir juntos para ayudar a sanar a los Estados Unidos, te pido que lo hagan".

No sabía que en el mes de diciembre del mismo 1997, ese don de fe que me era entregado, sería puesto a prueba y, precisamente, con las mujeres de nuestro ministerio. La fe es la base definitiva para poder entrar en una visión celular.

Todos nosotros necesitamos pasar el examen. El Señor estará probando nuestros corazones para ver si creemos a su Palabra. Llegar a una visión ministerial como la que nos ha sido encomendada ha implicado comprender el verdadero mundo de la fe; sólo esto nos ha hecho hombres y mujeres diferentes que escuchan la voz de Dios. Cuando Jesús iba a iniciar su ministerio tuvo que escoger sus doce, los cuales llegaron a ser los apóstoles y a partir de experiencias cotidianas les daba enseñanzas que llegaron a ser principios espirituales.

Con el primero que comenzó fue con Pedro, un pescador. En **Lucas** capítulo **5** vemos que en una oportunidad Pedro había estado toda la noche tratando de realizar su trabajo, pero en sus fuerzas y no había tenido fruto. Yo comprendí 21 años después de iniciar la vida cristiana, que por muchos tiempo también había trabajado en mis fuerzas, el Señor me dijo: *"Hija, ¿se te ha olvidado que el justo por su fe vivirá?"*. Las experiencias más amargas que he vivido, como cuando tuve que ser quebrada, fue porque simplemente dejé el camino de la fe. Ésta debe ser la base de todo lo que emprendamos ministerialmente.

Lo que Dios le dijo a Pedro en **Lucas 5:4** se convirtió en una palabra *rhema* para mi vida, viendo lo que podía suceder a nivel de fruto, a nivel de sueños realizados, comprendiendo el mundo de la fe. Como muchos líderes y pastores había venido predicando de fe, pero realmente no había pasado la prueba. En 1994, cuando viví la derrota electoral, el Señor me mostró que una de mis fallas estaba en que venía actuando con la confianza depositada en mi trabajo intelectual y en la estructura de la iglesia. Él me exhortó recordándome que *"sin fe es imposible agradar a Dios"*. Dios también me dijo: *"Si quitas la fe de tu ministerio, mi gracia no estará sobre tu vida. Tuve que ponerte a vivir este tiempo de prueba como si yo no estuviera a tu lado"*. Este es el primer examen que debemos pasar en la vida ministerial para poder llegar a ser un pastor de multitudes, para ser pescadores de hombres. En el pasaje de la pesca milagrosa vemos a un Pedro que desconocía el andar en lo sobrenatural, pero el Señor ya estaba visualizando en él la columna que sería en la vida ministerial de Jesucristo; es en ese momento cuando Jesús le dice: "¡Pedro, echa la red!". Con su razonamiento humano, Pedro le dice que ha trabajado toda la noche y la pesca ha sido infructuosa; él tenía poca fe, pero supuso que si el Señor le daba la orden debía hacerlo. Algo que he podido experimentar en los dos últimos años es que, cuando Dios habla, tenemos que obedecer su voz inmediatamente. Pedro hubiera podido decir: "Señor, estoy tan cansado, ¿por qué no esperamos una semana más?".

Cuando Dios hable a su corazón, no lo piense dos veces, ¡dé el paso! Dando el paso viene el revestimiento del Señor y algo sucede en el mundo espiritual. Pedro estaba siendo probado para ver si llegaría a ser el gran apóstol que Dios tenía en sus planes. La experiencia personal me indica que el primer examen que se debe pasar para que el Espíritu Santo nos confíe una iglesia celular, es el mismo paso de fe que tuvo que dar Pedro, él no se escapó de ese examen y yo tampoco.

Finalizando el mes de noviembre mi esposo y yo tuvimos la oportunidad de visitar a Colombia, después de un tiempo de permanencia en Estados Unidos. El Señor me habló claramente de escoger a mis doce del ministerio de mujeres resaltándome que yo tenía que ser un ejemplo para ellas, demostrándoles que si oímos la Palabra de Dios y obedecemos inmediatamente, los milagros ocurrirán. Efectivamente, nos reunimos y, aunque el ministerio llevaba funcionando más de un año, nos dimos cuenta de que el crecimiento no se notaba, los servicios femeninos no pasaban de 500 personas. 1997 lo había comenzado con 89 células de mujeres y estando con mis doce escuché la voz del Espíritu Santo que me decía: *"Hija, vas a terminar con cinco mil células"*. Recuerdo que yo pensaba: "Señor, yo no puedo decir esto en público, ¿qué tal que no alcance la meta?". Pero Dios me decía: *"Confía en mí, yo te voy a dar una lección de lo que es la fe"*.

Durante todo el ministerio, de una u otra manera, siempre estuve detrás de mi esposo y vi a muchas personas entregarse a Cristo, pero a través del ministerio de mi esposo; y el Señor me dijo: *"Hija, toda tu vida has estado trabajando en tus propias fuerzas, pero si tú crees a mi palabra y echas la red, ¡la red se va a romper!"*. Aquel era mi último viaje a Colombia durante ese año, pero Dios me dijo que tenía que volver al cabo de ocho días para hacer una reunión especial con las mujeres. Estuve argumentando con Dios por unos segundos, poniendo como excusa el no tener tiquetes, la organización publicitaria para esa reunión y todo aquello que humanamente podría ser un freno; pero no pude seguir contendiéndole porque me recordó: *"Confía en mí, yo soy el Dios de milagros, tú tienes que confiar en mí, si no pasas el examen, jamás verás milagros en tu ministerio"*. De todos los ministerios de la iglesia, el de las mujeres era el que menos fuerza tenía; nunca lo poníamos como ejemplo, sus reuniones eran las más escasas, pero el Señor me habló y me dijo volverás en ocho días para realizar una convocatoria especial de mujeres. El milagro comenzó a suceder desde que me dispuse; en quince minutos conseguí los pasajes aéreos, logramos la contratación del Coliseo para hacer la reunión el domingo por la tarde y en la noche todo estaba decidido: el 7 de diciembre las mujeres tendríamos **La pesca milagrosa**. Ni mis líderes lo creían, pero yo insistía; el Señor dice que echemos la red, yo creo a la Palabra de Dios, es la palabra *rhema*, porque si no creemos no vamos a ver milagros. Regresé a Houston llena de optimismo; durante esa semana conté con el apoyo de César en oración ya que él no me acompañaría porque se trataba de mi desafío. Dios me había dicho que tenía que vivir el pasaje bíblico de la pesca milagrosa y Él me estaba dando la oportunidad.

El domingo 7 de diciembre, desde las 4 de la tarde, en el Coliseo Cubierto El Campín casi veinte mil mujeres estaban reunidas, listas para experimentar la pesca milagrosa. Dios obró en forma prodigiosa en todas las áreas de la vida de la mujer. En el llamamiento, pude ver a tres mil mujeres entregando su vida al Señor. Sucedió el milagro porque el mismo Dios de Pedro, es el mismo que opera en nuestros días. Esa misma noche el Espíritu Santo me dijo: *"Hija, por cuanto me obedeciste, ahora sí te voy a*

ser pescadora de hombres". Insisto en que todos tenemos que pasar el examen, creyendo a la voz del Señor y
dando el paso de fe. Yo lo logré.

6 LA IGLESIA DEL SIGLO XXI

Nos acercamos a un nuevo milenio, estamos a las puertas del siglo XXI y la iglesia tiene que seguir cumpliendo con la Gran Comisión. La fructificación en este milenio será tan incalculable que la cosecha sólo podrá ser alcanzada por aquellas iglesias que hayan entrado en la visión celular. No hay alternativa, la iglesia celular es la iglesia del siglo XXI.

Cuando observo el panorama futuro noto que debemos estar listos para recoger el fruto de la siembra que hemos venido haciendo en los últimos tiempos. Le doy gracias al Señor porque en 1995 no permitió que yo me desviara de la visión; cuando estuve a punto de hacerlo, Él se encargó de hacerme reaccionar y en ese proceso también usó al doctor Cho para inspirarme. Ese año quise desarrollar la visión a mi manera y, sin tener una razón justificable, me propuse abrir 200 iglesias en la ciudad de Bogotá. Cuando le propuse esto al liderazgo la gran mayoría me respaldó, pero hubo uno que me dijo abiertamente: "Me da pena, pastor, pero yo no suelto la visión de las células". No le hice ningún reproche sino que lo apoyé para que continuara. Por ese tiempo organizaron en Seúl un seminario relacionado con la apertura de iglesias; para esta loca idea, era lo que necesitaba. Así que mi esposa y yo nos inscribimos entre cinco mil pastores más que, al igual que nosotros, querían abrir decenas de iglesias en las distintas ciudades. Al llegar allá me incluí en el listado para un taller denominado "Plantación de iglesias", mientras mi esposa lo hizo en uno llamado "Saturación evangelística". Yo no estaba preparado para abrir iglesias, en cambio sí lo estaba para manejar el sistema celular. Mientras me estaban enseñando cómo plantar iglesias, el Espíritu Santo me habló y me dijo: *"Todo lo que ellos están diciendo es justo lo que no debes hacer"*, a un mismo tiempo le habló a mi esposa y de igual manera. ¡Me sentí decepcionado! Recuerdo que le comenté al Señor: *"¿Y para qué vine entonces a Corea, para perder el tiempo con todo lo que yo tengo que hacer en Colombia?"*. El domingo de esa semana, aunque no estaba incluido en el programa, nos fuimos a la iglesia del doctor Cho; había tanta gente en esa iglesia que tuve que quedarme de pie y mientras estoy escuchando al pastor predicar el Señor me dice : *"¡Yo te di una visión como la de este hombre, tener una iglesia muy grande, con muchas células, y tú has estado tratando de introducir otra visión dentro de la visión !"*. Esa palabra fue definitiva, gracias a Dios que la única persona que no se desvió de la visión creció en células. Cuando llegué reuní a todos los 200 futuros pastores que se estaban preparando y sin dudarlo les dije: "Ya no van a ser pastores, seguimos con células". Ese año pasamos de 1.200 a 4.000 células; seguimos proyectándonos y en 1996 superamos las 10.000 y para finalizar 1997 la aspiración es tener 30.000 hogares abiertos en Bogotá. Esto es algo revolucionario; gracias al Señor lo comprendimos a tiempo porque hubiéramos detenido la visión perdiendo todas las posibilidades de encajar en el siglo XXI.

La historia de la iglesia cristiana nos muestra a grandes hombres como Martín Lutero, el gran reformador; Juan Wesley, la tea arrebatada de fuego; William Carey, el padre de las misiones modernas; Charles Finney, apóstol de avivamientos; y Charles Spurgeon, el príncipe de los predicadores, entre otros, a quienes Dios usó tremendamente y fueron eficientes para su época en el siglo pasado, pero en el presente, cuando la tecnología está muy avanzada, las ciudades han crecido y, por consiguiente, las poblaciones han aumentado, se requieren métodos y estrategias distintas a las que ellos utilizaron. Por supuesto que continuamos con la difusión de los mismos principios cristianos, pero utilizando métodos más acordes con nuestro tiempo.

Cuando observamos que el diablo sigue influenciando en la humanidad de una manera tan efectiva ahora como antes, es porque él sigue siendo el mismo enemigo que ha actualizado sus métodos para seguir con su intención destructora, y ante esta verdad, la iglesia no puede quedarse impávida pretendiendo ganar el mundo de la misma manera en que se hacía en el siglo pasado. Admiro la vida de esos hombres de Dios que, en desarrollo de la labor misionera, no dudaban en decidirse a permanecer atravesando los mares durante seis meses para transportarse de un continente a otro, con el fin de difundir el evangelio; pero continuar haciendo lo mismo cuando hemos entrado en la era del jet, es una manera absurda de perder el tiempo y la oportunidad de llegar en pocas horas a alcanzar a los perdidos del mundo. Algo que hemos entendido en el plano espiritual es que el Señor tiene un tiempo de gracia y de visitación de su Espíritu Santo para cada ciudad o nación y si no aprovechamos ese tiempo predicando, la oportunidad se perderá y las almas quedarán sin la salvación. Hace poco tuvimos con mi esposa una visión de peces muertos y el Señor nos retaba diciendo: *"Párense firmes porque el diablo ha decretado muerte para esas almas. Este es mi tiempo de gracia para ellas, tiempo de salvación"*. Todo líder debe saber que hay un tiempo de gracia en que el cumplimiento de la Gran Comisión debe hacerse de manera eficiente. Esto es posible a través de la visión celular.

La iglesia del siglo XXI es aquella que cuenta con un pastorado sobrenatural, es decir, es dirigida por el Espíritu Santo. Las congregaciones de tipo parroquial en las que no hay más de 200 personas no estarán en el modelo porque cada iglesia será de mínimo cien mil miembros, con un pastorado especializado coordinado a través del modelo de los doce impactando a toda una ciudad o a toda una nación. El modelo de los doce ayudará a que no se pierda el pastoreo directo de cada vida y esto lo facilita el sistema celular, mientras se hacen grandes reuniones en coliseos, las casas estarán abiertas para atender las necesidades espirituales y doctrinales de todos los creyentes. La iglesia con pastorado especializado es aquella que cuenta con pastores con unción especial para alcanzar jóvenes, mujeres, hombres, parejas o niños y estamos convencidos de que estos grupos homogéneos son los que más contribuyen al crecimiento. Esto es lo que está sucediendo en Colombia y en otros países del mundo donde algunos pastores han decidido entrar en la visión celular.

Estamos dando los pasos que nos ubicarán en la iglesia de avanzada. Alrededor del mundo, sumados al de nuestra iglesia la Misión Carismática Internacional, ya se cuenta con ejemplos dignos de imitar: en Filipinas hay una iglesia con 28 mil miembros y dos mil células; en Sudáfrica hay otra con 7 mil miembros y quinientas células; en Nairobi existe una con 5 mil miembros y quinientas células; en El Salvador se habla de una congregación con seis mil células; en Estados Unidos hay una iglesia que en menos de un año, aplicando el modelo de los doce, pasó de 300 a 540 células; en México, una pareja pastoral que recientemente decidió aplicar el modelo ya suma las mil células; el doctor Cho tiene 23 mil grupos y nuestra meta es alcanzar 30 mil a finales de 1997. Esta es toda una explosión. La iglesia celular es el paradigma de la congregación más poderosa del mundo. Se puede decir que un pastor que no entre en esta dimensión, está matando el progreso del evangelio en su área.

Conocemos de cientos de iglesias que se han concentrado en un sinnúmero de programas que en nada contribuyen al crecimiento y al objetivo de multiplicación que Dios demanda.

Por años estuvimos en el mismo problema hasta que nos dimos cuenta de que el único programa viable que ayudaba a alcanzar el propósito eran las células y decidimos que todo girara en torno a las mismas. No hay otro programa que logre atraer nuestra atención, porque tenemos la mira en el siglo XXI.

Hemos recibido la Palabra en el sentido de que en los años venideros habrá gente hambrienta por conocer el mensaje de salvación, millones y millones correrán por las calles demostrando su deseo de saber de Cristo y la única estructura que permitirá estar preparados para esto es la estructura celular.

La iglesia del siglo XXI es aquella en la que el pastor tendrá una responsabilidad que demandará de él mayor eficiencia, lo que le impulsará a trabajar con un concepto empresarial, pues la iglesia es la empresa más importante de una nación; así que el mismo crecimiento exigirá que haya dos ramas al interior de la iglesia: una de carácter administrativo con todos los departamentos necesarios en cualquier compañía; y la otra relacionada con el cuidado pastoral donde habrá un equipo de pastores especializados. En otras palabras, una parte operativa y otra parte espiritual que estarán apuntando al mismo objetivo y en la que el pastor general desarrollará la supervisión global de la iglesia. El Señor ha permitido que la Misión Carismática ya esté funcionando de esta manera y podemos ver sus proyecciones sin dejar a un lado la fe que es el fundamento de todo.

Para poder moverse de acuerdo con las demandas del siglo XXI, todo pastor debe cambiar su tradicional manera de pensar, romper los moldes y entrar en la visión celular; si un pastor cambia, el milagro ya está hecho pues de esta manera podrá influenciar en toda su comunidad. Sé que algunos están desde ya dispuestos, pero el sistema administrativo de la iglesia no los deja implementar las reformas; esto también tiene que ser cambiado, la época de los consistorios y los comités de ancianos para dar pasos importantes en la iglesia, ya pasó a la historia. Estoy convencido de que Dios le da la visión al pastor y en esa medida es a él a quien el Espíritu Santo le habla, indicándole hacia dónde moverse.

Ha llegado la hora de movernos hacia el siglo XXI. ¿Qué método va a utilizar para entrenar los líderes del futuro y cuál programa va a utilizar para evangelizar la ciudad?. No conozco nada mejor que el sistema de los doce y los grupos celulares, definitivamente no lo hay: anunciamos el evangelio y pastoreamos a nuestro pueblo mejor que antes. Las células lo abarcan todo. Es algo sobrenatural. Es la base de la iglesia del siglo XXI. Desde esta perspectiva, proyecte sus sueños y proclame la victoria.

APUNTANDO AL BLANCO 7

Los sueños, las metas y los objetivos nos han acompañado desde los albores ministeriales. Sin ellos como derroteros, no estaríamos donde estamos. Cuando nos preguntan acerca de nuestros planes futuros, pues muchos al ver el crecimiento incomparable de la Misión creen que hemos alcanzado el tope de lo posible, no demoramos en responder con metas precisas, pues siempre hemos sabido hacia dónde vamos. Esa es una característica del soñador, del visionario: saber para dónde va.

Para poder disfrutar las cosas que se habrá de poseer, el hombre siempre recurre a imágenes mentales. El pueblo de Israel, antes de conquistar la tierra prometida, debió concebir la idea del lugar que habitarían y concibieron una imagen cercana a la realidad, mas no toda la verdad, pero la meta estaba ahí.

Infortunadamente, vemos a muchos pastores con sus respectivas congregaciones sin metas concretas. Esto se puede trasladar al ejemplo del piloto satisfecho con el clima y el estado del vuelo, pero sin rumbo; qué pensaría usted del pastor que le dice a la congregación: "Queridos hermanos, quiero informarles que en estos momentos se está trabajando como nunca antes, a un promedio de 14 horas por día, estamos corriendo de un lugar para otro y no nos queda casi tiempo ni para comer, pero la verdad es que no sabemos por qué lo hacemos, no tenemos objetivo". Lo más probable es que ese pastor esté fatigando a la iglesia con programas nuevos cada día y que son abandonados a los pocos meses. Cuando no hay un programa definido de metas en las que se involucre a toda la iglesia, con toda seguridad el pastor terminará con toda la carga de responsabilidades sobre sus hombros.

Existen millones de personas en este mundo que no saben para dónde van, que no tienen ningún propósito en la vida. ¿Cuántos padres de familia nunca han podido sacar a sus hijos adelante por carecer de objetivos? ¿Cuántas empresas están siendo cerradas cada año porque su proyección al inicio fue miope y cuando se presentó alguna adversidad ésta las tomó por sorpresa y se fueron a la quiebra? ¿Cuántos jóvenes abandonan sus estudios universitarios porque cuando comenzaron la carrera aún no estaban seguros de que esa era la que debían estudiar? ¿Cuántos creyentes abandonan su fe porque sólo buscan a Dios cuando tienen alguna necesidad? ¿Cuántas iglesias mantienen la misma membresía de hace varias décadas sin preocuparse por multiplicar los talentos que Dios les ha dado? Las preguntas respecto a la falta de metas definidas abundan. El sabio Salomón dijo: "*Sin visión, el pueblo perece*".

Todos debemos proyectar nuestro futuro y esa proyección se hace a través de metas definidas. Lo que hemos crecido hasta ahora ha sido en todo momento apuntando a un blanco específico. Cuando comenzaba el trabajo ministerial, el Señor me hizo dos preguntas: "*¿Qué quie-*

res y cuándo lo quieres?". En ese entonces sólo tenía 30 personas en la congregación. Sabía que si no daba una respuesta clara a estas dos preguntas, posiblemente la iglesia iba a estar como un barco a la deriva en altamar.

En la iglesia que pastoreaba antes de recibir la visión para empezar la Misión Carismática Internacional, llegué a un punto en que me cansé del trabajo porque no estaba viendo el fruto. En un año había pasado de 30 a 120 personas y, aunque esto era aparentemente un éxito para muchos, yo no lo sentía así. Era, como ya he compartido, la época en que prácticamente rogaba a los hermanos que se quedaran en la iglesia diciéndoles que eran importantes para el ministerio y, por supuesto, ellos se lo creían, llegando muchos a responderme en forma arrogante: "Voy a pensarlo para ver si vuelvo, te visitaré en cuanto me sea posible". Prácticamente frustrado le decía al Señor: "¿Fue para esto que me llamaste?". Cuando lograba retener a un hermano ya se habían ido tres; me encontré en un círculo vicioso en el que unos hermanos entraban por una puerta mientras otros salían por otra. Esto me hizo pasar la carta de renuncia la cual no fue aceptada y tuve que someterme a un proceso de votación con un coopastor que, gracias al Señor, contrario a lo que pensaba, me ganó en la elección; y digo gracias al Señor porque después de eso, luego de cuatro meses sin pastorear, fue cuando Dios me habló para darme la visión sobre la que ahora caminamos.

Al iniciar la Misión Carismática Internacional, el Señor me reveló la importancia de definir metas y desde ese entonces, nunca las hemos dejado a un lado. Ya he comentado un poco acerca de esto, pero volveré a hacerlo como reafirmación testimonial a fin de desafiarle a hacer lo mismo. Nuestra primera gran meta era llegar a reunir 200 personas en un período de seis meses. Definimos el blanco, involucramos a esas 30 personas en ello, luchamos en oración y con profundo trabajo la logramos en sólo tres meses.

Otra de nuestras metas importantes, fue cuando nos propusimos hacer una cruzada de milagros y sanidades en un coliseo de la ciudad con capacidad para ocho mil personas; cuando eso ya la iglesia tenía unos quinientos miembros quienes oraron por espacio de un año a fin de ver ese propósito cumplido, y el Señor fue fiel concediéndolo. Otras metas se asocian al trabajo celular; en principio, sólo teníamos 70 células y, aunque hubo un tiempo en el que fue difícil multiplicarnos, pasamos a 200, luego a 500 y cuando contamos 1.200 células, éstas se convirtieron en un reto para nosotros como pastores y para la iglesia en general. Esa cifra aumentó la medida de fe, nos dimos cuenta de que trazar objetivos funcionaba, así que decidimos luchar por las 5.000 células al año siguiente; sólo llegamos a las 4.000, pero fue algo tan ambicioso que representó un empuje para la iglesia. En 1996 nos propusimos alcanzar 10.000 grupos en Bogotá y, aunque en octubre apenas llegábamos a las 5.600, el año se cerró con 10.600 células. Recuerdo que un pastor de Estados Unidos que nos visitaba por esos días mencionó que eso era un absurdo, que nunca alcanzaríamos dicho objetivo. En marzo de 1997, el mismo pastor regresó a Colombia y tuvo que pedirnos perdón. Cuando las metas están concebidas dentro del plan perfecto de Dios, Él se place en hacer lo que para cualquier otro es imposible. Para ello es necesario saber que antes de establecer una meta, se debe tener un tiempo de oración para estar seguros de qué es lo que el Espíritu Santo quiere hacer en nuestra vida y en la vida de la iglesia. Alcanzar una meta requiere esfuerzo, disciplina, constancia, dedicación; saber que existe la intervención divina, pero que también debemos poner de nuestra parte.

Tener metas definidas es como ponerle rieles a nuestra fe, armar un camino, no para ayudarle a Dios, sino para ayudarnos a nosotros mismos. A través de las metas evaluamos nuestro trabajo pues de toda labor debe quedar fruto. Una iglesia no puede comenzar en enero con determinados miembros y llegar a diciembre siendo los mismos; en una iglesia con este balance el año pastoral ha sido infructuoso, es un reflejo de que no se está cumpliendo con la Gran Comisión. Esto ocurre, por lo general, en aquellas congregaciones cargadas de programas que absorben todo el tiempo sin ningún resultado en la evangelización. A mi esposa y a mí nos ocurría lo mismo, predicábamos desde el fondo de nuestro corazón, visitábamos a los enfermos, y hacíamos cuanta actividad fuera posible y todos los días de la semana estábamos en eso, pero no evaluábamos; nos dimos cuenta del error y comenzamos a intensificar la importancia de las metas que servirían de parámetros para evaluar los resultados del trabajo. Cuando uno tiene metas debe evaluar qué actividades no contribuyen al alcance de las mismas y eliminarlas porque el Señor no nos llamó a entretener a los miembros de la iglesia con un sinnúmero de programas, que no aportan nada a la evangelización de los perdidos.

La iglesia debe tener metas específicas y todo cuanto se haga debe ayudar al logro del crecimiento de la congregación. Al percibir el significado de esto, abandonamos la costumbre tradicional de muchos cultos sin justificación concreta y acordamos tener un solo servicio y luego células en el resto de la semana. Cuando la iglesia fue creciendo, implementamos otros cultos, pero especializados, también apuntando hacia la meta global.

La victoria se alcanza a través de las metas y los sueños. El Señor me permitió comenzar este gran ministerio siendo un soñador y continúo siéndolo. Visualizo metas definidas y todo lo que hago es apuntando a ellas. Manteniéndonos en relación de santidad con el Espíritu Santo, hemos alcanzado todo lo que nos hemos propuesto, pero yo sigo soñando.

Sueño con una Colombia totalmente transformada. No soy ajeno al dolor de mi gente. Sueño con un país sin niños en la calle, sueño viendo desaparecer la tristeza de cada rostro, con cada hombre y con cada mujer sonrientes por la victoria que el Señor les ha dado; sueño con una nación sin pobreza donde los políticos no usen el poder para beneficio personal, sino que administren justicia, juicio y equidad al pueblo que los ha elegido; sueño con una nación estable financieramente y no hablo de un imposible porque tenemos ejemplos dignos de imitar como Corea que resurgió de sus cenizas en sólo cuarenta años y hoy es una nación donde prácticamente no se ve pobreza, y si Dios lo hizo allá también lo puede hacer en Colombia y todos los países, porque el nuestro es el mismo Dios de ellos.

Sueño también con las 30 mil células para finales de 1997, 100 mil grupos y un millón de miembros en el año dos mil. Usted también puede soñar definiendo metas. Únase a la visión que Dios me ha dado, sencillamente diga: "¡No quiero vivir sin propósito, quiero engrandecer la obra del Señor !". Si se lo propone, Dios se encargará de engrandecerlo. Empiece desde ya recordando que no somos cualquier fuerza y diciendo: "¡El Señor y yo somos mayoría !".

8 LA VISIÓN Y LOS GRUPOS HOMOGÉNEOS

Un día nos detuvimos a observar el crecimiento de la iglesia y, adelantándonos un poco al siglo XXI, pensamos que era tiempo de entrar en la **especialización** de la congregación. La posibilidad de fortalecer la estrategia celular con la formación de grupos de afinidad, o grupos homogéneos, comenzó a gestarse en nuestra mente. El Señor nos mostró que el Espíritu Santo daría una unción especial para compartir el evangelio a determinado grupo de personas asociadas por edades, sexo o actividad.

Las células han pasado a ser el programa de la iglesia. Haber descubierto que el pastoreo en los hogares contribuía a expandir el evangelio de Jesucristo de una manera más efectiva, sirvió para corroborar que ese mismo proceso llevaría a la Misión Carismática Internacional a un constante e impactante crecimiento. Luego llegó el momento en que observamos que trabajando mediante grupos homogéneos el fortalecimiento de la labor celular sería extraordinaria y, por consiguiente, las proyecciones de crecimiento superarían los límites. Era como permitir que la dinámica del Espíritu Santo, que nos venía acompañando desde comienzos del ministerio, siguiera siendo una realidad planteando en los grupos una identidad casi equivalente a aquella de "los dones del Espíritu", los cuales, como lo manifiesta el apóstol Pablo en **1Corintios 12**, son diversos, pero el Espíritu es el mismo, el Señor es el mismo y "...Dios, que hace todas las cosas en todos, es el mismo". Fundamentados en esto surgieron los que hoy se conocen como grupos homogéneos o "núcleos de personas agrupadas por intereses comunes, en busca de los mismos objetivos y con la tendencia a satisfacer las mismas necesidades, pero procurando siempre desarrollar la visión de la iglesia".

El alcance de los grupos homogéneos ha sido prácticamente incalculable desde la formación de los mismos. Hemos podido comprobar que, a través de ellos, la penetración en la sociedad con el evangelio de Jesucristo es más rápida y eficaz. Podemos decir, sin temor a equivocarnos, que en los grupos homogéneos no existen límites, ni sociales, educativos, económicos, que impidan la divulgación de la Palabra y el cumplimiento de la Gran Comisión. Estoy plenamente convencido de que gran parte del crecimiento de la iglesia que el Señor nos ha permitido pastorear junto con mi esposa Claudia, se debe al trabajo de los grupos homogéneos también llamados *ministerios* que integran el engranaje total de la visión. Día tras día, cada nuevo creyente que llega ansioso por conocer más de la Palabra de Dios, satisface sus expectativas, pues encuentra en la iglesia un grupo con el cual se identifica bien sea por la edad, el sexo o la actividad que desempeña. Una persona que llega a la congregación con problemas de carácter espiritual, afectivo o emocional, nota que al llegar al grupo, todos los miembros del mismo se identifican con su problemática y aportan, con la ayuda de las Escrituras y la guía del Espíritu Santo, soluciones prácticas; todo porque se habla el mismo idioma, se tienen las mismas perspectivas y se observa hacia el mismo lado: el de la visión.

Desde todo punto de vista, los grupos homogéneos son la mejor estrategia de fortalecimiento de una iglesia que aspire a alcanzar un crecimiento sin precedentes, cargado de solidez, de unción, y fundamentado en una sana doctrina que nunca permitirá el desmoronamiento de la iglesia. Esto lo indica nuestra experiencia. Los ministerios o grupos de afinidad, observados desde su interior hacia el resto de la comunidad de la iglesia, y, desde afuera hacia ellos mismos, tienen un funcionamiento tan estratégico que nunca permite que un nuevo creyente se sienta fuera de contexto en relación con la visión. Dicho de otra manera, el niño que se hace nuevo creyente encuentra un sólido grupo de niños en el que se siente útil y experimenta que su presencia es importante para el resto de los miembros; de igual forma sucede con el joven, el adulto o el profesional. Los grupos funcionan atendiendo la identidad de la gente con un aspecto específico, o de acuerdo con las necesidades de las personas; de ahí que en la Misión Carismática sea fácil encontrarnos con grupos por edades, sexo o profesión.

Estos grupos, de los cuales el juvenil fue el primero en conformarse, mientras se reúnen atendiendo su afinidad, buscan apuntar todos al mismo blanco: el desarrollo de la visión de la iglesia. Es un compromiso en el que cada miembro aporta su grano de arena recibiendo la satisfacción de formar parte de un avivamiento en el que Colombia es un ejemplo para el mundo.

Hoy, la visión de la iglesia es desarrollada por el liderazgo en general, la congregación y cinco grandes grupos homogéneos o ministerios: la **Red de mujeres**, que concreta el papel de las damas en una visión que ya trasciende a las naciones; la **Red de hombres**, que exalta el sacerdocio del hombre en la familia y en el liderazgo; el **Ministerio de jóvenes,** que constituye un importante baluarte de crecimiento si se tiene en cuenta que cada semana se reúnen en el Coliseo entre doce y quince mil muchachos consagrados; el **Ministerio de parejas,** que destaca la vida matrimonial dentro de la perspectiva de crecimiento de la Misión; y el **Ministerio de niños y adolescentes** (junior), a través del cual se observa la efectividad de la visión preparando a las nuevas generaciones.

Al lado de estos grupos primordiales se han levantado otros que apoyan irrestrictamente la tarea global de la visión, permitiendo la cohesión ministerial y orientando la expansión de la iglesia a lo largo y ancho de la ciudad, del país y del mundo.

Existe algo que identifica a todos estos grupos con la visión en general: colectivamente están comprometidos con el sistema celular y la preparación de líderes como requisito fundamental en el desarrollo de la visión.

Cuando veo actuar y crecer a los grupos homogéneos, viene a mi corazón el dinamismo emanado de la unción del Espíritu Santo como agente protagónico en el proceso multiplicador de células y, por consiguiente, de toda la iglesia. Lo que pasa en esos grupos es que "a cada uno le ha sido dada la manifestación del Espíritu para provecho".

Las palabras de Pablo en el capítulo **12** de su primera carta a los **Corintios** cobran vida al interior de cada ministerio concretándose su estratégica funcionalidad:

> *"Porque así como el cuerpo es uno, y tiene muchos miembros, pero todos los miembros del cuerpo, siendo muchos, son un solo cuerpo, así también Cristo... Y a unos puso Dios en la iglesia, primeramente apóstoles, luego profetas, los terceros maestros, luego los que hacen milagros, después los que sanan, los que ayudan, los que administran, los que tienen don de lenguas...".*

Esta es una buena referencia bíblica para justificar la importancia de los grupos homogéneos, gracias a los cuales la visión se ha expandido y continúa haciéndolo.

FAMILIAS SACERDOTALES 9

Nuestras familias, tanto la de mi esposa como la mía, representan un apoyo indescriptible en el ministerio. Al ver el cumplimiento fiel del Señor a su promesa en el sentido de que todos ellos llegarían, en su tiempo, a los pies de Cristo y se incorporarían a la iglesia para servirle a Él integralmente, consideramos que la atención de las familias en la congregación debía incrementarse formándoles continuamente hasta llegar a ser fuertes columnas en el desarrollo de la visión. Dios nos llamó para formar familias sacerdotales, aquellas donde los hombres y las mujeres están consagrados al Señor individualmente, como parejas, y que, como consecuencia, podrían guiar a sus hijos en sujeción a ellos y obediencia a Dios. Por nuestra experiencia, creemos en el sacerdocio de la familia como algo de impacto en nuestros días para influir positivamente en la sociedad. No compartimos la idea de que padre y madre sirven al Señor mientras los hijos sirven al mundo. El llamado es para todos.

En el proceso de conformación de esas familias sacerdotales, hay tres grupos homogéneos que cumplen la tarea edificadora de cada miembro del núcleo: la red de hombres, la red de mujeres y el ministerio de parejas. Un día cualquiera, inquietos por el crecimiento específico de estos grupos, mi esposa y yo estábamos en oración y el Señor nos mostró que existía un principado que tenía atados a los hombres y a las mujeres de Colombia, negándoles la oportunidad de crecer espiritualmente; entramos a quebrantar ese principado y vino la revelación de la conformación de los ministerios que nos ayudaran a velar por ellos.

Red de hombres. Esta es una iniciativa que exalta el sacerdocio del hombre en la familia y en el liderazgo de la iglesia. Uno de los tantos aspectos interesantes de la vida cristiana asociados a la ejecución del trabajo ministerial que me llama poderosamente la atención es observar que, ante los ojos de Dios, el hombre es un blanco perfecto para el llamamiento a su obra. La Biblia es plena en relatos en los que vemos al hombre como **cabeza** en distintos procesos de liderazgo en su propia vida, en la familia, en la sociedad. El llamamiento de **Isaías** capítulo **6** y la selección de los doce, por parte de Jesús para desarrollar su ministerio (**Lucas 6:12,16**), son sólo dos ejemplos de convocatorias hechas específicamente a los hombres. Éstas y otras referencias bíblicas me incitaron a pensar en el papel que los hombres, organizados ministerialmente, podrían desempeñar dentro de la visión, procurando siempre la moralización de cada individuo y llevándolos a pensar en la importancia de su sacerdocio dentro de la familia y dentro de la iglesia, lo que permitiría progresar en la visión de una manera sólida.

La red de hombres es hoy una respuesta a la necesidad de ver al hombre cristiano más involucrado en el compromiso misionero, en la difusión de la Palabra y en el desarrollo de la autoridad espiritual que debe ejercer en los distintos frentes y funciones que lleve a cabo, tomando como suya la promesa que Dios le hiciera a Abraham cuando dijo:

"Yo soy el Dios Todopoderoso; anda delante de mí y sé perfecto. Y pondré mi pacto entre mí y ti, y te multiplicaré en gran manera" (**Génesis 17:1,2**).

Esta Palabra ha sido una promesa cumplida en la red de hombres que cada semana reúne a casi cinco mil varones dispuestos a prepararse para ser mejores esposos, padres, empresarios, empleados y grandes difusores del evangelio de Cristo, y todos ellos están comprometidos con la visión de la iglesia desarrollando la estrategia de crecimiento celular.

Actualmente cuentan con dos mil células en Bogotá, las cuales se realizan diariamente tanto en casas como en empresas.

Red de mujeres. En ésta radica el éxito de la visión que trasciende a las naciones.

Creo que todo lo que comenta mi esposa en el capítulo **Pasando el examen** es más diciente que cualquier otra cosa que yo pueda decir sobre el ministerio de mujeres en la Misión Carismática Internacional. Comenzaron tímidamente y después de su pesca milagrosa se convirtieron en una tremenda columna de sostenimiento para la visión. Particularmente no me imagino involucrado en este trascendental compromiso de ganar a mi país para Cristo sin contar con la compañía, el apoyo, los consejos y la mano amiga de mi esposa Claudia. Dios me ha honrado de una manera indescriptible al dotarme de un ministerio sólido y de una idónea que ha sido sensible a la voz del Espíritu Santo para compenetrarse de lleno en este trabajo. Como coopastora de la Misión, Claudia ha sido instrumento en manos de Dios para la ejecución de múltiples iniciativas, sin las cuales la visión no estaría ahora en el punto en donde se encuentra. Pero la más importante de todas esas iniciativas fue haber organizado un grupo homogéneo que integrara a todas las mujeres de la iglesia para facilitarles el trabajo en el ministerio al tiempo que se iban preparando con principios bíblicos para desempeñar adecuadamente sus roles en la familia y en el resto de la sociedad.

Ha sido tanta la concientización de Claudia respecto al llamado de Dios a las mujeres que, cuando estuvo por primera vez como senadora cristiana en el parlamento de nuestro país, luchó incansablemente por crear y desarrollar un proyecto de ley que favoreciera a las mujeres, sobre todo a aquellas que por diversas razones se han visto obligadas a ser cabeza de hogar; fruto de ese interés por las de su sexo es la **Ley mujer cabeza de familia** que hoy favorece a las mujeres colombianas defendiendo sus derechos y procurando la dignidad de las mismas. Pero lo bueno de todo es que los favores los recibe al interior de la iglesia y que, por consiguiente, trasciende al panorama social. El grupo homogéneo que el 7 de diciembre de 1997, desafiando todas las circunstancias y por un genuino paso de fe de mi esposa y sus líderes, reunió a casi veinte mil mujeres en el Coliseo el Campín de Bogotá en una tarde de mover del Espíritu Santo que motivó a tres mil de ellas a entregarse a Cristo. Son mujeres llenas de desafío que aspiran finalizar este año con cinco mil células.

Ministerio de parejas. Hablar de las parejas es también hablar de la vida matrimonial dentro de la perspectiva de crecimiento de la iglesia. A lo largo de nuestros quince años de ministerio, Claudia y yo hemos tenido la oportunidad de tratar con personas agobiadas por dificultades y el Señor nos ha guiado para llevarles a un plano de restauración de sus vidas y convertirse en miembros de la iglesia como ejemplo contundente de que Dios es un Dios transformador haciendo que cada uno "nazca de nuevo" por medio de Jesucristo. Como pareja hemos sido usados para ser de bendición a otras parejas y miles de ellas pasan por nuestras mentes como ejemplo del papel de Cristo en el proceso de restauración familiar; sin embargo, al intentar hablar de los grupos homogéneos y concentrarnos en el ministerio de parejas, no podemos dejar a un lado aquel momento en que José María Villanueva y su esposa Clara llegaron a la iglesia presos de la ansiedad, con una vida matrimonial que atravesaba grandes dificultades, prácticamente, a punto de tomar una fatal decisión respecto a su matrimonio. Al analizar su situación, llegué a la conclusión de que lo ocurrido en esta pareja había sido propiciado por Dios, para indicarnos que había un llamado especial para ellos dentro de la visión. Hoy, y después de diez años de esa experiencia, José María y Clara constituyen una pareja ejemplar con un hogar feliz y son los líderes de un grupo homogéneo que reúne casi setecientas parejas semanalmente, que tienen quinientas células y aspiran alcanzar las mil quinientas a finales de 1997.

¿Qué ocurrió con ellos? Sencillamente, Dios les puso en la iglesia como una pareja restaurada para bendecir y ayudar a la restauración de otras parejas. Ellos dispusieron su corazón para el servicio a Dios, captaron la visión a través de nuestras charlas y conferencias y se comprometieron con ella.

Dios está usando a este ministerio dentro de la visión para hacer grandes cosas en la vida familiar. Son decenas de parejas las que llegan cada semana sin que nadie dé cinco centavos por su estabilidad matrimonial, incluso muchas se han presentado atendiendo una invitación de alguien que les ha dicho: "Dense una última oportunidad, asistan a la reunión de parejas", y ese día el Señor habla específicamente a sus vidas dándoles un curso fresco y santo a su relación. Es la restauración que los prepara para convertirse en familias sacerdotales.

"Reedificarán las ruinas antiguas, y levantarán los asolamientos primeros, y restaurarán las ciudades arruinadas, los escombros de muchas generaciones" (Isaías 61:4).

¡PERO YO SOY JOVEN! 10

El ministerio juvenil de la Misión Carismática Internacional es una de las manifestaciones perfectas de la gracia de Dios respaldando su visión. Sin demeritar el trabajo de los otros grupos homogéneos de la iglesia, son tan impresionantes los logros de la juventud, que merecerían ser tratados en un libro aparte. Pero hubo que pagar un gran precio para llegar hasta ellos.

Por años, en las congregaciones donde nos formamos, la ausencia de la juventud era muy marcada. Después de haber iniciado la Misión me quedé observando con atención por qué los jóvenes eran tan indiferentes a sus reuniones; los pocos que teníamos preferían asistir a un servicio dominical que disponer de tiempo extra para congregarse con su propio grupo. Dios me hizo ver algo que para mí fue trascendental: en el mundo secular hay muchos espejismos, luces y destellos con los cuales los jóvenes son atraídos, y en las iglesias los líderes espirituales tienden a quitarle al joven todo, mostrándoles que lo que hay en el mundo es malo, pero sin darles nada a cambio. El Señor me mostró muchas cosas al respecto; por ejemplo, que no fue el diablo quien inventó la música, ésta viene de Dios, y esto se hizo luz en mi mente, fue cuando dije: "Debemos tener una música excelente, una extraordinaria alabanza y hacer reuniones juveniles saturadas de mucha alegría".

Guiados por ese propósito comenzamos a orar para que el Señor trajera buenos músicos y Él respondió a nuestra oración; las reuniones empezaron a cobrar vida, los muchachos fueron comprometiéndose con Dios y, con el paso del tiempo, las reuniones cuya asistencia oscilaba anteriormente entre 60 y 80 personas los días sábado, empezaron a subir porque los jóvenes se sintieron identificados con esa clase de música; dejamos a un lado la actitud legalista de "no toques", "no gustes", "no hagas", con la que aparentemente se tiene piedad, pero que en nada atrae a la juventud. Las reuniones juveniles sirvieron también para innovar en otros aspectos de la iglesia; como mi esposa comentó al principio, se introdujeron las danzas con un corte moderno y refrescante, todo acorde con la época en que vivimos. Es triste ver que aún existen iglesias cristianas apegadas a ciertas costumbres del siglo pasado como las corales con batolas que se salen de contexto y otras en las que el nuevo creyente está casi obligado a aprenderse los mismos himnos de los tiempos pasados. Todo eso ya cumplió su objetivo, la innovación debe ser característica de la iglesia de hoy. Cuando nuestros jóvenes se dieron cuenta de que no estaban frente a un legalismo marcado, sino de cara a una vida de gozo y alegría, ellos mismos fueron dejando sus hábitos pecaminosos, se consagraron más al Señor mientras otros llegaban paulatinamente en multitudes. Así, los servicios juveniles concurridos empezaron a ser una realidad.

Pero ¿cómo cuidar ese fruto de la juventud? Dios nos dio la estrategia de tener retiros espirituales con ellos, dándoles conferencias especializadas y ministrándoles para que el Señor fuera restaurando integralmente sus vidas, y conduciéndolas hacia un nuevo camino con horizontes abiertos en los que es posible recobrar la fe en sí mismo, la esperanza, la dimensión de los sueños por estrenar y ante todo el vivo anhelo de servir al Señor.

Si alguien de cualquier parte del mundo espera tener una evidencia concreta del respaldo del Señor a nuestro llamado como pastores y de su propósito de grandeza, crecimiento, avivamiento y multiplicación con esta visión, le basta que asista un sábado al Coliseo Cubierto el Campín de Bogotá. Líderes de todos los rincones de Colombia y de otras naciones ya lo han hecho, y cuando ven entre doce y quince mil jóvenes reunidos allí, su asombro es tal que no encuentran palabras para describirlo. Definitivamente se trata de algo apoteósico en lo que se manifiesta el poder ilimitado de Dios cuando se es fiel a su llamado. Retrocedo un poco en el tiempo para ubicarme en el inicio del ministerio juvenil y sus primeros índices de crecimiento. Necesariamente, debo recordar el testimonio de mi hermana Claudia Castellanos quien hoy, junto con su esposo César Fajardo, pastorea a este extraordinario grupo.

Claudia es la menor de todos mis hermanos. Ella, junto con otras personas, empezó a formarse conmigo en el Instituto Bíblico. Como líder, siempre he sabido que tengo que velar por el crecimiento y desarrollo espiritual de mis familiares; por eso, cuando vi que Claudia no se interesaba en ninguno de los jóvenes de la iglesia, y considerando que eso podría desalentarla, la llamé a mi oficina y le dije: "¡Sé que no ha llegado la persona que quieres para ti, pero tranquila, no te desanimes, Dios ya lo está formando de acuerdo con su propósito. Él tiene un tiempo preciso y perfecto para traerlo a tu vida y ¡te lo dará a conocer!". Empecé a orar por ella entendiendo cuán definitiva e importante era el área sentimental para su vida presente y futura. Tiempo después, conocí en una célula a un joven entusiasta, con madera de líder y gran diligencia en todo lo que hacía y me dediqué cada semana a motivarlo para que ingresara al Instituto Bíblico hasta que él dio el paso definitivo para iniciar su preparación. Desde el primer día de clases, este joven fue tocado por Dios comprometiéndose a servirle fielmente. Desde mis primeros contactos con él, le fui comentando a Claudia acerca de su entusiasmo y del perfil de liderazgo que observaba, por su conducta diligente, pero sin sospechar que el plan del Señor era unirlos posteriormente. Semanas más tarde, Claudia y César se conocieron y Dios hizo su obra entre ellos en lo que respecta al área sentimental, permitiendo una plena identificación que los llevó poco a poco a un noviazgo genuino y conforme con la voluntad divina. Mi hermana encontró en César Fajardo un apoyo para seguir creciendo e involucrándose cada vez más en la obra del Señor, y César tenía el mismo deseo. Estos factores ayudaron para que su relación afectiva y sentimental no sólo contara con mi aprobación como pastor, sino con la de toda la familia; así que llegaron al altar de Dios y se unieron en matrimonio.

Hoy doy gracias al Señor por esta relación pues, por su firmeza y dependencia espiritual, Dios les confió un ministerio poderoso, como una compensación a mi hermana por haber depositado su confianza en Él y por hacerlo al lado de un verdadero hombre de Dios. Debido a ese paso de obediencia, esperando el tiempo del Señor para relacionarse con la persona indicada, hemos podido ver que miles y miles de jóvenes han sido salvos a través del ministerio dirigido por ellos, confirmando así lo que Dios colocó tanto en el corazón de mi esposa como en el mío en el sentido de que ellos eran los líderes indicados para dirigir a la juventud de la iglesia.

Actualmente, el fruto del ministerio juvenil es abundante en todo sentido. Podría contar innumerables ejemplos pero me remitiré a uno. Hay un joven llamado Freddy Rodríguez quien en enero del año 1995 tenía 70 células; se dedicó a orar con su grupo y acordaron multiplicarse trimestralmente duplicando el número de células cada vez. Detrás de esto iba un respaldo de ayuno, oración, evangelismo y mucho trabajo para lograr las metas. Ese año terminaron con 450 células. Lo lograron en un año porque cuando un joven es consagrado y transmite ese mismo espíritu al equipo que está liderando, todos trabajan con el mismo entusiasmo. Freddy se convirtió en un desafío para muchos otros jóvenes quienes, con el apoyo de todo el ministerio, tienen metas definidas. Ahora Freddy lidera más de mil células y cuenta con su propia banda musical con la que ha podido realizar dos trabajos discográficos dirigidos especialmente a la juventud.

¿Qué ha permitido que en muchos rincones del mundo vean todo esto como una fantasía? La visión.

Una visión en la que hemos tomado como principio no subestimar a la juventud; por el contrario, aplicar las mismas palabras de Pablo a Timoteo: *"Ninguno tenga en poco tu juventud..."* **(1 Timoteo 4:12)**.

El ministerio de jóvenes es el más grande de los grupos homogéneos de la Misión Carismática, y se ha empeñado en ser dentro de la visión una organización dinámica que mueva y lleve jóvenes a través del mundo difundiendo la Buena Nueva de salvación y ganando a cientos de miles de personas de sus edades para Cristo. Porque para Dios no hay nada imposible y los sueños continuarán siendo la base de su crecimiento ministerial.

LA VISIÓN Y LOS MEDIOS DE COMUNICACIÓN 11

Debo comenzar este capítulo confesando que, aunque teníamos la visión de alcanzar multitudes para Cristo, no podíamos precisar el tiempo en que dicho crecimiento iba a presentarse de tal modo que el contacto directo con cada persona iba a ser un imposible por las limitaciones humanas. Pero las cosas se dieron de esa manera y damos gracias al Señor por el modelo de los doce y la estrategia celular que permiten la reproducción de la visión sin abandonar el pastoreo de las almas. Esto ha sido significativo. Sin embargo, llegó el momento en que mi esposa y yo deseamos seguir cerca de cada miembro, y de cada familia que integraba la congregación para edificarles directamente como al principio; el Señor nos reveló la importancia de los medios masivos de comunicación dentro del proceso. La primera oportunidad tendría que ser a través de la radio, por la facilidad de incursionar en dicho medio con la contratación de unos minutos en una emisora secular, y así lo hicimos.

Comenzamos con un programa de quince minutos en el que difundíamos un corto mensaje y orábamos por sanidades. El éxito de este espacio fue inesperado; no sólo podíamos mantenernos en contacto con todos los miembros de la iglesia, sino que diariamente nuevas personas se convertían a Jesucristo a través de la radio. Pero, con el paso de los meses, la situación se puso difícil a nivel financiero y sostener el espacio era prácticamente imposible para la iglesia. ¿Y qué creen ustedes? ¿Salimos del aire? ¡Pues no! Mi esposa y yo siempre hemos estado de acuerdo en que todo aquello que Dios nos da no nos lo puede arrebatar el enemigo, así que decidimos ir al Señor en oración no sólo para que nos diera la forma de continuar con ese espacio, sino de incrementarlo a media hora. "¡Absurdo!", diría cualquiera. Justo cuando están a punto de no continuar porque las finanzas no lo permiten, deciden seguir adelante con algo más costoso. Así fue, pero no todo quedó allí. cuando empezamos a orar una noche por ese propósito, Dios inquietó mi corazón en el sentido de que no debíamos quedarnos orando por media hora de radio, sino por toda una emisora. Le compartí a mi esposa y ella estuvo de acuerdo. Trazamos la meta, redoblamos la intercesión, visualizamos posibilidades y en el balance de logros de diciembre de 1988, la hoy M.C.I. Radio aparecía en el listado como una compensación a la fe.

Desde ese entonces la iglesia cuenta con una emisora que transmite 24 horas de programación cristiana todos los días incluyendo música, mensajes de edificación, estudios bíblicos, magazines de consejería y otros programas que ayudan al crecimiento espiritual y doctrinal de nuestra basta membresía, al tiempo que otros son ganados para Cristo a través de todos ellos. Cada día, y en horarios diferentes, estoy llegando a los hogares con los programas **La hora familiar** y **La hora de sanidad**, en los que se transmiten mis mensajes, permitiendo que la relación pastoral con la iglesia no se pierda.

La M.C.I. Radio marca la diferencia entre todas las estaciones de radio de Bogotá y, aunque permanecemos mucho tiempo fuera de la iglesia cumpliendo compromisos ministeriales alrededor del mundo, nuestra gente no deja de escucharnos por el gran aporte de este medio a la visión.

Por muchos años, prominentes líderes cristianos del mundo habían declarado a la televisión como "la caja del diablo". Creo que de una u otra manera, casi todos los pastores cometimos el error de respaldar con nuestra indiferencia a ese medio con aquel absurdo concepto, dejando al adversario penetrar en él para manipular la mente y, por supuesto, la vida de las personas, sobre todo la de los niños y los jóvenes. Un día llegó a nuestras manos un aterrador informe acerca de la violencia que era transmitida a través de programas de TV. en un solo fin de semana. El informe contenía altas cifras estadísticas acerca de escenas de atracos, robos a mano armada, asesinatos, maltratos familiares, drogadicción y sexo ilícito, sin dejar de mencionar la manipulación directa del pensamiento y las actitudes a través de comerciales poco éticos.

Aquello nos puso a pensar en la necesidad de que no podíamos seguir dándole la espalda a la televisión mientras el enemigo hacía de las suyas con ella. Esa clase de valores tergiversados que han afectado tanto a la sociedad por influencia de los medios de comunicación tienen que ser transformados y somos los cristianos los que contamos con los principios genuinos para la restauración de las familias. Conscientes de nuestra responsabilidad y también pensando en la posibilidad de que nuestra visión fuera conocida a lo largo y ancho de toda Colombia, empezamos a interceder por un espacio en la programación de la TV comercial. Este propósito requería un paso de fe mayor que el de la radio, entendiendo que no hay canales cristianos en nuestro país y que hacer televisión en Colombia cuesta muchísimo dinero, pero teníamos que darlo. Permanecimos durante mucho tiempo reclamando la televisión para nosotros y desde noviembre de 1996, el Señor viene brindándonos la oportunidad de llegar a millones de colombianos semanalmente a través del programa **Cambia tu mundo**, un magazín de alta aceptación con temas de edificación para toda la familia. Con mi esposa y yo, como anfitriones de dicho programa, **Cambia tu mundo** va directo a la problemática de la familia colombiana dando las únicas alternativas que permiten la solución y son aquellas registradas en las Sagradas Escrituras.

Cambia tu Mundo es el primer paso que hemos dado en la conquista de un medio que por mucho tiempo tuvo cerrada sus puertas a los cristianos por dos razones: primero, la indiferencia de la misma iglesia; y segunda, la no existencia de libertad de cultos. Pero cuando empezaron a llegar parlamentarios cristianos al congreso del país, entre ellos mi esposa Claudia, se logró el establecimiento de la libertad de cultos en Colombia, y la televisión abrió sus puertas; desde entonces nosotros empezamos a estar en ella.

La legislación colombiana es muy cerrada en cuanto a los medios de comunicación y la consecución de los mismos implica tanto costo que, hasta ahora, las posibilidades de poseerlos están limitadas prácticamente para los grupos económicos más grandes. Pero nada de esto frena nuestra fe, y la meta de la Misión Carismática Internacional es contar con más emisoras en todo el país y con un canal de televisión propio. En Dios, estamos seguros de lograrlo porque lo reclamamos día tras día en oración.

Por el lado de la prensa escrita, ya contamos con litografía propia; está trabajándose en el proyecto de un periódico de circulación nacional y recientemente hemos abierto las puertas de **Vilit,** (Visión Literaria Internacional) nuestra propia editorial. Todo esto lo ha demandado y lo ha permitido el crecimiento de la visión. En un crecimiento como el nuestro, los medios masivos no pueden ser ignorados; por el contrario, constituyen una necesidad. La iglesia del próximo milenio crecerá de la mano de los medios de comunicación.

Los medios facilitan nuestra llegada al corazón de los perdidos en forma masiva. Todo creyente comprometido con la obra es eminentemente un comunicador. Durante el desarrollo de su ministerio en la tierra, Jesús fue el comunicador de comunicadores. Algo interesante es que en la Gran Comisión encontramos respuesta a los mismos interrogantes claves que deben aparecer resueltos en el encabezado de una noticia: ¿qué, cómo, cuándo y dónde? El texto de **Mateo 28**:**19-20** dice:

> *"Por tanto, id, y haced discípulos a todas las naciones, bautizándolos en el nombre del Padre, y del Hijo, y del Espíritu Santo; enseñándoles que guarden todas las cosas que os he mandado; y he aquí yo estoy con vosotros todos los días, hasta el fin del mundo. Amén".*

Qué: id y haced discípulos.

Dónde: a todas las naciones.

Cómo: bautizándoles en el nombre del Padre, y del Hijo, y del Espíritu Santo; enseñándoles que guarden todas las cosas que os he mandado.

Cuándo: he aquí yo estoy con vosotros todos los días.

Pero aún hay más. Uno de los más destacados teóricos de la comunicación resumió el proceso mediante la fórmula: quién (comunicador); dice qué (mensaje); a quién (perceptor); a través de qué medio (canal); con qué efectos (consecuencia, función apelativa del lenguaje en el proceso de la comunicación).

Analizando nuevamente el contenido de la Gran Comisión, comprendí que todos los pasos de esta fórmula son fácilmente deducibles:

Quién: yo.

Dice qué: el mensaje de Cristo.

A quién: el mundo perdido.

A través de qué medio: prensa, radio, televisión.

Con qué efectos: la salvación del mundo.

¿Notan ustedes por qué para nosotros los medios masivos son tan importantes? Seguimos reclamándolos para Cristo y sé que obtendremos la victoria. En la dimensión de la fe y de los sueños ya los tenemos.

PROYECCIÓN A LAS NACIONES 12

Como colombianos tenemos una deuda con el mundo. Las dos últimas décadas han sido marcadas por una influencia nefasta de compatriotas en otras naciones, y no hablamos únicamente de aquellos involucrados en el narcotráfico, sino de todos los que, actuando ilícitamente, han afectado la estabilidad de nuestros hermanos del resto del mundo. No estamos negando con esto que Colombia no haya sufrido a un mismo tiempo; indudablemente, el país ha sido resquebrajado por el actuar de aquellos que, guiados por sus propios intereses, se olvidaron de la solidaridad y la convivencia pacífica, sumergiendo a la nación en un caos que sólo Dios, en su infinita misericordia, podría sanear llevándonos al restablecimiento de la armonía, la prosperidad y la justicia social.

Colombia les debe a las naciones, es cierto, pero se trata de un compromiso que sólo puede ser superado dándoles a ellas lo que ya hemos recibido de parte de Dios: el avivamiento espiritual. Esto podremos lograrlo compartiendo esta visión como el modelo de la iglesia futurista que, sin duda, será la única preparada para la gran cosecha evangelística de los últimos tiempos. Desde la fundación de la Misión Carismática Internacional, y comprendiendo que la visión recibida en el sentido de alcanzar multitudes para Cristo implicaba al mundo entero, seleccionamos el lema: *"Con el evangelio de Jesucristo, desde Colombia, para todas las naciones"*. Esta frase ha servido como derrotero para nuestra proyección ministerial, y hoy día es una gran realidad, no sólo por la oportunidad que hemos tenido, con mi esposa de visitar a más de veinte países actuando como conferencistas, sino especialmente por el interés despertado en prominentes líderes de distintos lugares del orbe de visitar nuestra iglesia para aprender de la visión y sus respectivas estrategias.

En este proceso de proyectarnos al mundo como embajadores de buena voluntad, como portadores del mensaje de salvación, siendo testimonio vivo de lo que el Señor está haciendo en Colombia en el campo espiritual, hemos experimentado situaciones que nos llevan al convencimiento de que el nuestro es el país del avivamiento escogido por Dios para impactar al resto del mundo. Se trata de un privilegio, pero más que eso, consiste en una responsabilidad, pues es la forma como el Señor permite que el nombre de Colombia sea conocido por una noticia que bendice en vez de causar destrucción física y moral como ya era costumbre. Dentro de esas vivencias en que el Señor nos ha usado como protagonistas, tanto mi esposa como yo recordamos el instante, reiterado en varios países, en que hemos sentido la necesidad de pedir perdón ante decenas de miles congregados en coliseos y estadios, por el mal que Colombia les haya hecho. Guiados por el Espíritu Santo, tomamos el lugar de nuestro país diciendo: "¡Hermanos, perdónenos, si alguno o algunos de nuestros compatriotas les han hecho mal o fue un instrumento para traer mal a su país!". Después de este tiempo de buscar el perdón y la reconciliación, hemos visto la presencia de Dios cuando la respuesta de esos países ha sido: "¡Colombia, te perdonamos!".

Ahora nos encontramos en un tiempo de restitución a las demás naciones. Estamos sirviendo a partir del principio bíblico en el que se nos dice que somos perdonados, pero debemos entrar a restituir nuestras faltas. Si tenemos deudas, las mismas tienen que ser saldadas. Dios quita de nosotros la maldición al perdonarnos, pero la restitución tiene que darse.

Consideramos que si hubo personas de nuestra generación o de generaciones pasadas que fueron instrumentos del mal, la mejor forma de pagarles a otros países el mal que se haya hecho de parte nuestra es capacitando personas para enviarlas a otras naciones a fin de que sean allí instrumentos del bien.

Lo que Dios nos ha dado hemos tratado de compartirlo sin ninguna restricción. Por su gracia, el Señor nos reveló una visión, un modelo. Aunque tenemos un gran aprecio por el pastor Cho porque ha sido de gran inspiración para nuestro ministerio, sólo Dios hizo *rhema* lo referente a la iglesia celular, dándonos a un mismo tiempo estrategias que la hicieran más efectiva como el modelo de los doce, por ejemplo. Creemos que lo que viene sucediendo en Colombia es el punto de partida de lo que el Señor quiere hacer en todo el mundo en el siglo XXI; por ello hemos visualizado poder asesorar a líderes de otras naciones e implantar iglesias celulares en todo el orbe, aun enviando de nuestros equipos de líderes a donde fuere necesario. El concepto que tenemos de misiones es muy diferente al tradicional. El Señor nos ha mostrado que debemos permitir la entrada de nativos de otros países en Colombia para que estando en nuestro país se les haga luz la visión que desarrollamos.

Ese también ha sido un gran sueño que ya viene haciéndose realidad. Semana tras semana vemos llegar a Bogotá delegaciones de otros países integradas por líderes y pastores ansiosos de observar de cerca lo que los medios de comunicación se han encargado de difundir respecto a la Misión Carismática Internacional, y, lo que es más importante, dispuestos a aprender el modelo para desarrollarlo en sus respectivas iglesias. En poco tiempo, compartiendo con nosotros y con todos aquellos que forman parte del equipo de liderazgo, se impregnan de los aspectos fundamentales que han permitido el crecimiento tanto espiritual como numérico de nuestra iglesia. Este proceso acorta el tiempo de preparación misionera y los resultados son mayores que con el sistema tradicional. Cuando estos grupos nos visitan, su mente es transformada y sus respectivas visiones se amplían comenzando a soñar ya no con iglesias de 120 ó 150 personas, sino con congregaciones de miles y miles en las que la preparación constante de líderes es fundamental.

Lo que hacemos en la Misión Carismática Internacional está abierto a todo el mundo sin ninguna clase de limitantes. Dios nos ha dado la gracia para que esto suceda y gozamos al ver los resultados obtenidos en iglesias de Estados Unidos, México, Perú, Argentina, Panamá, Brasil, Guatemala, Chile, China, Inglaterra, Sudáfrica y Grecia, donde la estrategia celular y el sistema de los doce constituye la fórmula de crecimiento sólido a nivel congregacional. El Señor nos ha permitido tocar los cinco continentes con esta revolucionaria visión.

La proyección a las naciones forma parte de un proceso de liberación de nuestro país. Se trata de un concepto que el Señor nos mostró: *"Si quieres que tu país sea libre, tienes que pagar la deuda generada por aquellos colombianos que no eran mis hijos, ahora tienen que entrar a restituir"*. Colombia tenía una deuda grande, espiritualmente estamos contribuyendo a que la misma sea cancelada.

Somos conscientes de este compromiso mundial en el que Dios nos ha colocado. Desde el primer momento en que la visión fue revelada aquel día de febrero de 1983, entendimos que el desafío trascendía las fronteras patrias, y que al decirnos el Señor *"Y haré de ti una nación grande"*, estaba haciendo referencia no sólo a mi ministerio y al de mi esposa en particular, sino al de toda una nación que era escogida como tierra de avivamiento. Nos hemos propuesto cumplir ese reto realizando eventos continuos con talleres y conferencias que informen adecuadamente acerca de la visión, que den las pautas esenciales para llevarla a cabo. La Convención Anual de la iglesia cumple ese propósito y, en ella, líderes de todo el mundo encuentran las puertas de Colombia y de la Misión Carismática Internacional abiertas para entrar en esa dimensión en la que el Espíritu Santo se encarga de aclararles la importancia de romper los moldes del tradicionalismo y ponerlos en el camino de la iglesia del presente y del futuro.

Cuando observamos los testimonios de iglesias como las de los pastores Juan Capurro, en Perú, Omar Cabrera, en Argentina, y Larry Stockstill, en Estados Unidos, por sólo mencionar algunos ejemplos de aquellos que nos visitaron expectantes para captar el modelo, comprobamos que las cosas sí son posibles en todo el mundo y que esta visión no es sólo para nosotros. Así que soñamos que un día no muy lejano en todos los rincones de la tierra se hable de iglesias celulares y modelo de los doce. Entonces, comprenderemos que a través de nuestros sueños hemos ganado el mundo.